Concha Calleja

El psicópata invisible

Personajes famosos, relaciones tóxicas
y el lado oscuro del éxito

SEKOTIA

SEKOTIA
www.sekotia.com
@sekotia

EDITORIAL SEKOTIA • COLECCIÓN MI EXPEDIENTE FAVORITO
Editor: HUMBERTO PÉREZ-TOMÉ ROMÁN
Corrección y maquetación: HELENA MONTANÉ

www.sekotia.com
pedidos@almuzaralibros.com - info@almuzaralibros.com

Editorial Sekotia
Parque Logístico de Córdoba. Ctra. Palma del Río, km 4
C/8, Nave L2, nº 3. 14005 - Córdoba

Imprime: Liber Digital
ISBN: 979-13-87812-21-8
Depósito legal: CO-1674-2025
Hecho e impreso en España -*Made and printed in Spain*

Contenido

Prólogo
Todo empezó con un café (y un caníbal)

La primera vez que vi a un psicópata… y no lo supe.

El día que conocí al amigo de un asesino

No sé si fue el cansancio acumulado, el silencio sepulcral del de la Biblioteca Nacional o la niebla que siempre me deja cuando investigo sobre crímenes —caníbales en este caso—, pero aquella tarde solo ansiaba una mesa libre, un café decente y algo de tregua para ordenar ideas.

Estaba trabajando en un reportaje sobre *Hannibal, el origen del mal*, y me había sumergido hasta las rodillas en expedientes policiales, estudios psiquiátricos y relatos que te provocan escalofríos. Esos que uno lee sin pestañear, pero que más tarde regresan, como siempre hacen los fantasmas, cuando cae la noche.

Mientras el café se enfriaba —como suele pasar cuando los pensamientos hierven más que el agua—, un hombre de mediana edad, delgado, algo nervioso y con acento extranjero, se sentó frente a mí sin pedir permiso. Tampoco perdón. No había miradas, ni sonrisa, ni siquiera la cortesía de una excusa.

Estuve a punto de decir algo, pero entonces él se me adelantó:

—He oído que está investigando casos reales, casos de caníbales. ¿Le interesaría conocer la verdadera historia de mi amigo Armin Meiwes?

¡Mi amigo, dijo! Armin Meiwes. Lo dijo sin inmutarse, como quien menciona a un antiguo compañero de universidad. A un coleguilla de tertulia. El mismo Meiwes que fue condenado a cadena perpetua en 2006 por asesinar —y comerse— a un ingeniero de Berlín que había respondido a su anuncio en internet. Aquel hombre enjuto que estaba delante de mí, decía que ese monstruo era su amigo, precisamente un caso que yo conocía al detalle. O eso creía.

Pues ese hombre —Hans, según se presentó— me dijo que era el único amigo que Meiwes tenía, y también el único que seguía visitándole en prisión. Durante las dos horas que siguieron, y en algún encuentro más que vendría después, me relató con una frialdad inquietante el desarrollo de los hechos; el ritual, la planificación, la voluntad por ambas partes. El horror, sí, pero también la lucidez con que los protagonistas habían tomado sus decisiones. Les digo la verdad, aunque trabajo con las palabras, ese hombre me dejó sin ellas. No me salía ninguna adecuada para esa ocasión. De hecho, solo podía mirar y escucharle, porque lo más perturbador para mí no era la sangre, ni el crimen cometido. Lo verdaderamente inquietante para mí era lo que Hans me revelaba entre líneas, que aquel asesino había sido, hasta entonces, un ciudadano funcional. Un trabajador, un hijo, un vecino, y que su víctima también lo era.

Yo —periodista, perito, analista, observadora entrenada en esos casos— no habría detectado nada fuera de lugar si me lo hubiera cruzado por la calle. Eso me resultaba demoledor.

Allí, en una cafetería iluminada por focos cálidos y rodeada de ilustres inmortales, entendí algo que no estaba en ningún manual forense: que los verdaderos monstruos no necesitan esconderse, solo necesitan parecer normales. Perturbador.

Este libro nace de esa revelación. Y no, no trata sobre asesinos. No es un catálogo de crímenes grotescos ni un inventario de mentes criminales, aunque con esta introducción se lo parezca. Es algo así como un mapa. Un recorrido por ese territorio ambiguo donde habitan los psicópatas invisibles. Esas personas que no delinquen, pero devoran. Que no matan, pero arrasan a su paso. Que no necesitan una máscara porque ya aprendieron a parecer uno de nosotros.

Están en la empresa, en la política, en los vínculos más íntimos. Son admirados, promovidos, imitados. No llevan cuchillos, llevan su carisma. No dejan huellas, dejan efectos. Y muchas veces —o siempre—, cuando lo advertimos, ya es demasiado tarde.

No pretendo convertirte en experto detector de psicópatas, ni darte una receta mágica, porque no la hay. Solo intentaré abrir la puerta que tantos prefieren mantener cerrada. Y si, tras leer estas páginas, empiezas a ver con otros ojos al jefe encantador, al socio brillante, al amante misterioso o a esa persona que te hace sentir diminuto sin levantar la voz, entonces este libro habrá cumplido su propósito.

El psicópata invisible, el psicópata de al lado, el integrado en la sociedad, no se esconde. Solo se parece demasiado a alguien que crees conocer. Y ese es el verdadero peligro.

Volviendo al hombre misterioso, durante los minutos siguientes —o quizás fueron segundos, pero el tiempo a veces se comporta como un actor dramático—, lo único que supe hacer fue mirarle fijamente. Él mantenía la compostura con una serenidad casi clínica. No parecía un exhibicionista del horror, ni alguien deseoso de atención. Era más bien un hombre que hablaba con la naturalidad de quien cuenta que su amigo colecciona sellos. Y esa compostura me mantuvo intrigada durante todo el tiempo.

—¿Meiwes? —pregunté, sin dejar de observarle.

—Sí. Armin. Le conocí antes de que todo ocurriera. Aún conservo cartas suyas. Me pregunta por el mundo, por la gente, por los libros nuevos. Le leo, le escucho. Es alguien… especial.

Especial. Esa fue su palabra. Especial.

Y entonces, sin más ceremonia que un sorbo de su propio café, empezó a contarme la historia desde dentro. La misma historia que yo llevaba días leyendo en artículos fríos, en informes forenses, en análisis académicos que hablaban del caso como un fenómeno extremo de parafilia y pérdida del control. Pero Hans no hablaba desde la distancia. Hablaba desde la intimidad.

Meiwes, me dijo, era meticuloso, amable, casi tímido. Vivía en una casa heredada de su madre —a la que cuidó hasta su muerte— y trabajaba como técnico informático. Tenía un jardín ordenado, una vida discreta, y nadie, absolutamente nadie, habría imaginado que dentro de él latía el deseo de devorar a otro ser humano. No por odio, no por impulso, sino por necesidad emocional. Una forma, según él, de no estar solo nunca más.

Su víctima, Bern Jüren Brandes, por cierto, no fue engañada, o no demasiado. Respondió con total libertad a un anuncio de internet que Meiwes había publicado. Así de simple.

Después, Jüren dejó instrucciones escritas y asumió el destino con entusiasmo. Era ingeniero, educado, discreto. A Hans no le tembló la voz al describirme cómo esa víctima se despidió del mundo, cómo se entregó al ritual. Me hablaba como si relatara una experiencia filosófica, no un crimen.

Escuchar aquello no fue exactamente espantoso. Fue desconcertante. Sin embargo, el horror no estaba en los detalles gráficos —que los había—, sino en lo que subyacía, en esa certeza de que dos personas perfectamente funcionales, integradas, inteligentes y socialmente aceptadas habían protagonizado uno de los actos más perturbadores de nuestro tiempo.

Y nadie lo vio venir.

Nadie advirtió el vacío emocional de uno, ni la pulsión autodestructiva del otro. Porque lo que sí me quedó claro es que ambos sabían lo que estaban haciendo. Y lo hacían con una lógica interna que, aunque repulsiva, no era incoherente. El deseo de fusión llevado al extremo, el abandono del cuerpo como ofrenda, y la posesión absoluta del otro. Absoluta y brutal. Muy brutal.

Desde el principio supe que Hans hablaba con una tranquilidad que no era insensibilidad, sino otra cosa. Una suerte de desapego emocional aprendido, o quizá contagioso. No sé si era su manera de protegerse de lo que sabía, o de convivir con ello. Pero recuerdo con nitidez la frase con la que cerró aquella primera conversación:

—No todos los monstruos gritan. Algunos te preguntan cómo estás antes de devorarte.

Me despedí con más educación que seguridad. Caminé de vuelta entre las salas de la biblioteca con esa sensación que queda cuando has sido testigo de algo que nadie más ha visto. Un cruce improbable entre la cultura y el abismo.

No dormí bien esa noche. Ni muchas otras. Pero no por las imágenes, sino por la idea. Por la posibilidad de que el verdadero peligro no esté en los márgenes, sino en el centro. De que el psicópata invisible no parezca un psicópata, porque es así. De que el mayor error sea creer que lo reconocerás.

POR QUÉ ESTE LIBRO NO ES LO QUE CREES

Quizá llegaste hasta aquí pensando que ibas a leer un desfile de monstruos. Crímenes espeluznantes, mentes enfermas, diagnósticos clínicos, algo de sangre y mucho morbo. Lo comprendo. El título invita a eso, el comienzo también, y además lo fácil es señalar al que se sale del cuadro. Pero no, este libro ya te he revelado que no va de asesinos. O, al menos, no exclusivamente.

Tampoco va de la psicopatía como rareza clínica, ni de trastornos mentales tratados con guantes de látex y tecnicismos quirúrgicos, para eso están los manuales. Esto va de lo que no se dice, de lo que se oculta bajo la palabra «normal». Va de esa jefa encantadora que te hace sentir un inútil sin levantar la voz, de ese político que sonríe mientras recorta, del *coach* que te promete libertad emocional y te deja atado por dentro, de esa pareja que te adoraba... hasta que empezaste a necesitarla.

Este libro va sobre ellos, sobre los que no matan, pero desgastan. Sobre los que no huelen a peligro, pero tienen la puntería perfecta para herirte donde más duele.

Va del psicópata invisible.

El que no aparece en los periódicos.

El que nunca levanta sospechas.

El que no cruza líneas legales, pero borra tus límites emocionales con una precisión de relojero suizo.

No verás a estos personajes en la sección de sucesos. Están en la portada de revistas de negocios, en los *rankings* de popularidad, en las listas de invitados. Son los que siempre parecen saber lo que hacen. Porque lo saben. Pero lo que hacen no es lo que parece. Veamos.

Por qué este libro es necesario

Escribo esto no solo por interés profesional, sino por responsabilidad. Porque la idea de que el psicópata está siempre «en otro sitio» es falsa y, además, peligrosa.

El psicópata está donde no lo esperas, donde nunca se mira, donde el éxito tapa los síntomas, donde el carisma confunde, y donde la víctima no puede hablar porque nadie la creería —o eso cree.

Este libro no es una caza de brujas, ni un diagnóstico de pasillo. Es una guía para mirar distinto, para escuchar lo que no se dice y para detectar lo que se repite.

Y, sobre todo, para entender que la violencia no siempre tiene forma de puño. A veces tiene forma de ascenso, de adulación, de silencio, y de relación que te dejó vacía sin entender por qué.

Cuando empecé a investigar perfiles criminales, como periodista y después como perito en criminología y psicología forense, creía que los psicópatas eran minoría. Que eran esas excepciones clínicas que aparecen en documentales de madrugada y que uno puede observar desde lejos, protegida por la pantalla, por la distancia, por el hecho de que «eso nunca me pasará a mí». Hasta que te pasa.

Y, con el tiempo, además, tuve que rendirme a otra evidencia: que muchos no están presos, muchos no cometen delitos tipificados, muchos no empuñan cuchillos ni atropellan a nadie. Sencillamente están ahí, a la luz del día, con traje, con sonrisa, con agenda. Están en tu cama, en despachos, en instituciones, en relaciones sentimentales estables (aparentemente). Psicópatas funcionales, integrados. Algunos —muchos—, incluso, admirados.

Personas que no sienten culpa, que no empatizan, que no dudan. Que saben exactamente qué botón pulsar para obtener lo que quieren. Y lo pulsan. Y lo hacen con elegancia, con estrategia… con precisión.

Puede que tú hayas conocido a alguno, o puede incluso que aún no te hayas dado cuenta. Ese es el problema.

En estas páginas no pretendo darte miedo. El miedo, si me permites, ya lo llevas puesto. Lo que quiero es afinar tu radar, y que empieces a mirar de otro modo, que te cuestiones lo que brilla, y que escuches con más atención el silencio emocional de quienes te rodean. Porque ese silencio emocional te dirá mucho. Incluso, puede que te lo diga todo.

Y si al terminar este libro te descubres haciendo memoria —ese jefe, esa pareja, esa amistad que no terminabas de entender—, y distingues esos rasgos psicopáticos, entonces habremos conseguido lo que buscábamos.

Porque el psicópata invisible no aparece en tus pesadillas, aparece en tu día a día. Y lo peor de todo es que no siempre viene a hacerte daño. A veces solo viene a conseguir lo suyo. Y tú, tú estabas en medio. Un efecto colateral que no provocará ningún remordimiento.

Y, por último, decirte que en la mayoría de los casos me refiero al psicópata en masculino. Esto es porque me resulta más fácil. Tampoco he querido estar utilizando los dos géneros continuamente porque el texto hubiese perdido su ligereza. Quiero decirte que, aunque me dirija al género masculino, siempre me refiero a ambos sexos. Empezamos.

PARTE 1.
EL PSICÓPATA QUE NADIE VE

Introducción:
¿Qué es un psicópata integrado? La persona perfecta con un lado que no quieres ver

Una vez, en un congreso sobre criminología, un reputado psiquiatra se me acercó en el cóctel posterior a su ponencia y me preguntó —con esa media sonrisa de quien lanza un dardo disfrazado de cortesía— qué entendía yo por psicopatía. Le respondí sonriendo que me lo preguntara después del segundo vino. Lo hizo, no se olvidó. Y le contesté algo que, para entonces, me salía ya sin esfuerzo, quizá porque lo había visto muy de cerca:

—Un psicópata es alguien que puede destruirte la vida sin derramar una gota de sudor... ni una de culpa, ni de arrepentimiento, ni de empatía.

No se rió. Me dijo que no estaba mal como definición periodística... o personal. Luego añadió, con voz más baja, que probablemente conocía a varios. Que todos los conocíamos. Que estaban en nuestras reuniones, en nuestras listas de favoritos y —a veces— en nuestras camas.

Y ahí está el punto.

Durante años, el imaginario colectivo ha colocado al psicópata en una jaula de cristal: criminal, violento, aislado, irracional. Un depredador que actúa al margen del mundo y que se delata por su brutalidad. Un personaje de película, con banda sonora disonante y mirada torva. El problema es que muchos se ajustan a ese perfil... excepto los reales, los invisibles.

El psicópata integrado es otra cosa.

No grita, no muerde, no mancha.

Se adapta, seduce, escala.

A menudo, brilla. Lo admiras antes de sospecharlo, lo sigues antes de entenderlo. Y cuando lo entiendes... ya no puedes hacer nada. O casi nada. O muy poco.

Yo los llamo «los impecables». Son pulcros, verbales, sociales. No todos son extrovertidos, pero ninguno es torpe. Algunos incluso exhiben cierta calidez. Una calidez sin raíz, como una vela LED, brilla, pero no quema. Y eso es lo que más descoloca. Porque nos han enseñado a identificar el mal con el dolor, no con el vacío.

El psicópata invisible, ese que vive perfectamente mimetizado con el entorno, no comete delitos. No necesita hacerlo. El delito, en todo caso, lo cometen los demás por él, el subordinado que carga con sus decisiones, la pareja que enferma emocionalmente, la persona que se culpa por no haber visto antes lo evidente.

Suelen tener éxito, pero no siempre. Algunos fracasan, aunque rara vez se hunden. Otros ni siquiera lo intentan. Hay psicópatas en la cima, pero también en la planta baja, en lo doméstico, en lo cotidiano, en lo íntimo. Si bien, lo que tienen todos en común no es lo que hacen, sino lo que no sienten.

No sienten culpa.

No sienten empatía.

No sienten vergüenza.

Y sin embargo, saben perfectamente simular todo eso.

Estos invisibles conocen los códigos sociales. Aprenden rápido lo que emociona a los demás, y no porque lo compartan —eso no lo hacen nunca—, sino porque les resulta útil, para avanzar, para ganar, para protegerse.

Y lo hacen con una eficacia que desconcierta, porque no tienen el freno emocional que sí tenemos los demás. No dudan, no se angustian, no revisan sus decisiones antes de dormir, y tampoco arrastran las consecuencias internas del daño que han causado. Porque, simplemente, no les duele, ni siquiera les molesta. Son indolentes.

¿Son conscientes de lo que hacen? Absolutamente.

¿Lo justifican? Siempre.

¿Lo lamentan? Nunca.

No estamos hablando de locura, ni de enfermedad, ni siquiera de maldad, si quieres verlo así. Estamos hablando de otra estructura, otra lógica... otro cableado. Uno que es del todo invisible.

Y esto, que puede parecer aterrador, es sobre todo revelador. Porque una vez lo ves, ya no puedes dejar de verlo. Ni en tus relaciones, ni en tu entorno, ni —a veces— en ti mismo.

¿Y SI EL AUTÉNTICO PSICÓPATA NO ES VIOLENTO?

Durante mucho tiempo, el término «psicópata» estuvo reservado a los grandes titulares. Era sinónimo de asesinato, tortura, sadismo. Un sello que solo se estampaba en los perfiles más monstruosos, los más extremos, los más cinematográficos. El problema de haber aceptado esa definición es que, en realidad, nos ha dejado ciegos. Porque el auténtico peligro no está en el que rompe las reglas, sino en el que las conoce a la perfección y las utiliza en su favor.

No es el lobo que ataca al rebaño a plena luz del día, sino el que se disfraza de pastor, el que se transforma para que veas en él lo que quieres ver.

El psicópata invisible, el integrado, no aparece en la escena del crimen, porque su escenario es otro. Su escenario es una oficina, una relación, una campaña electoral, una sala de juntas. No necesita recurrir a la violencia física, porque maneja la violencia emocional y simbólica con una destreza mucho más eficaz. Su arma no es el cuchillo, es la palabra, el silencio, la omisión, la sonrisa en el momento exacto.

Y eso desconcierta. Porque mientras buscamos al villano de película, se nos cuela en casa el personaje que ni siquiera sabíamos que había que vigilar: el amable, el generoso, el simpático. Y cuando por fin lo notamos, ya es tarde. O peor aún, no nos creemos lo que vemos.

Porque tiene una reputación intachable.

Porque «no puede ser tan malo si todo el mundo le adora».

Porque «nunca me ha gritado», «nunca me ha golpeado», «nunca me ha mentido… abiertamente».

Porque los monstruos, nos han dicho, no sonríen. Y este no solo sonríe, este cae bien.

Perfiles psicológicos del psicópata

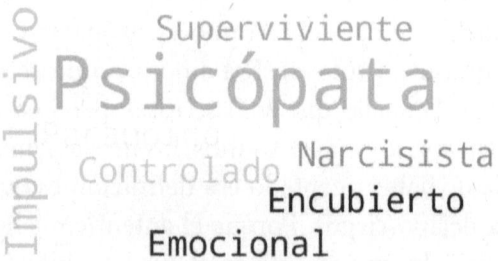

(Esto que vamos a contar aquí es importante porque no todos los psicópatas son iguales. El conocimiento de los perfiles psicopáticos es esencial para comprender las complejidades de la naturaleza humana, especialmente cuando se trata de aquellos individuos que operan al margen de las normas sociales y morales. Como digo, no todos los psicópatas son iguales, y aunque en la mayoría de los casos compartan características comunes, sus comportamientos, motivaciones y tácticas varían de manera significativa. La importancia de conocer estas diferencias radica en la posibilidad de identificar a estos individuos antes de que causen daño, de prever sus movimientos y, sobre todo, de protegernos de sus manipulaciones.

Un psicópata impulsivo puede ser ruidoso, evidente, actuar de forma desordenada y errática. En cambio, otro psicópata, el encubierto, se mueve en silencio, construyendo una fachada perfecta mientras oculta su verdadera naturaleza detrás de sonrisas y palabras amables. Mientras que algunos psicópatas se sienten impulsados por el deseo inmediato de satisfacción, otros son más fríos, calculadores y estratégicos, esperando pacientemente su momento para tomar el control. Las diferencias son sutiles, pero esenciales, y cada una de ellas tiene implicaciones en la manera en que estos individuos interactúan con su entorno.

Cualquiera que haya estado cerca de un psicópata sabe lo engañosos que pueden ser. En su mayoría, no se presentan como monstruos, eso es evidente. No usan una etiqueta que grite «psicópata» a los ojos de los demás. Por el contrario —ya lo estáis viendo—, a menudo se muestran como personas encantadoras, inteligentes y competentes, lo que les permite infiltrarse en el entorno y ganar la confianza de quienes los rodean. Y es precisamente ahí donde radica el peligro, en su capacidad para operar en la oscuridad, para manipular y controlar sin ser detectados.

Comprender las distinciones entre los diferentes tipos de psicópatas no solo es una cuestión de interés académico o clínico, sino una herramienta esencial para nuestra supervivencia social y emocional. En un mundo tan interconectado, donde las relaciones personales y profesionales se cruzan y se entrelazan de manera constante, poder identificar qué tipo de psicópata estamos tratando nos permite anticiparnos a sus acciones. Conocer cómo se infiltran, cómo juegan con nuestras emociones y cómo crean dependencia, es la clave para protegernos.

Cada perfil de psicópata tiene una forma distinta de manipular a quienes lo rodean. El impulsivo, aunque fácil de identificar por su comportamiento errático, puede ser destructivo en entornos donde la improvisación y la falta de control son desventajas. El psicópata controlado, por otro lado, tiene el poder de operar de manera tan discreta y calculada que es casi imposible detectar su manipulación hasta que ya es tarde. Luego está el psicópata emocional, que conoce las emociones humanas mejor que muchos de nosotros, capaz de utilizarlas para tejer una red de dependencia que nos atrapa sin que lo notemos.

Identificar a cada tipo de psicópata, y entender cómo sus tácticas varían, nos da una ventaja invaluable. Nos permite proteger nuestros intereses, nuestras emociones y nuestras vidas de aquellos que ven a las personas como simples piezas en un juego, sin tener ninguna consideración por el bienestar de los demás. La comprensión de los perfiles psicopáticos nos otorga el poder de ver más allá de la fachada, de entender lo que realmente motiva a estas personas y, sobre todo, de poner límites antes de que sus manipulaciones nos afecten profundamente.

En síntesis, conocer las diferencias en los perfiles psicopáticos no solo nos ayuda a identificar a los que nos acechan, sino que también nos proporciona las herramientas necesarias para anticipar sus movimientos y poner en marcha medidas preventivas. Saber a qué tipo de psicópata nos enfrentamos cambia completamente el enfoque de cómo gestionamos nuestra interacción con él. Con esta información, podemos actuar con más claridad, más firmeza y, lo más importante, con mayor seguridad.

El Psicópata Impulsivo
El Psicópata Controlado
El Psicópata Emocional
El Psicópata Superviviente
El Psicópata Encubierto
El Psicópata Narcisista
El Psicópata Paranoico

1. El psicópata impulsivo

*La diferencia entre un impulso y un destino es solo
el instante en que decides actuar.*

Anónimo

Quizá este es el más claro de todos los perfiles. El psicópata impulsivo es uno de los tipos más visibles en comparación con otros perfiles, ya que su comportamiento tiende a ser más desorganizado y errático. Aunque aún pueda pasar desapercibido en algunos entornos, su falta de control sobre sus impulsos lo hace más susceptible de ser detectado. Este tipo de psicópata actúa sin pensar en las consecuencias de sus actos, buscando siempre la gratificación inmediata. Aunque sus comportamientos pueden parecer espontáneos o «naturales», están motivados por una necesidad interna de satisfacer sus deseos más primitivos y egoístas.

Cualquiera que haya interactuado con un psicópata impulsivo puede reconocerlo por su dificultad para planificar a largo plazo. No se preocupan por el futuro, ni por los daños que puedan causar a las personas de su alrededor, porque la gratificación instantánea es su único motor.

Estos individuos pueden tener dificultades para mantener un empleo estable, mantener relaciones saludables o incluso seguir las normas básicas de la sociedad, ya que sus necesidades inmediatas y su deseo de evitar el malestar les llevan a tomar decisiones apresuradas.

A menudo, se presentan como personas carismáticas y espontáneas, lo que inicialmente puede ser atractivo. Pero, imagina un individuo que constantemente se lanza a nuevas aventuras sin pensar en las repercusiones. Si bien, este comportamiento puede parecer divertido al principio, pronto se vuelve claro que las decisiones que toma están basadas en la impulsividad, lo que genera caos en su vida y la de los demás. En entornos laborales, por ejemplo, estos psicópatas pueden tomar decisiones arriesgadas, ignorando las reglas o las consecuencias a largo plazo de sus actos.

Siguiendo con este perfil, uno de los aspectos más problemáticos del psicópata impulsivo es su incapacidad para manejar las frustraciones. Si algo no sale como espera, la ira o la frustración rápidamente lo dominan. En cambio, en lugar de tomarse un momento para reflexionar o analizar la situación, reacciona de inmediato, a menudo de manera agresiva o destructiva. Este comportamiento puede ser particularmente dañino en relaciones interpersonales, donde la falta de autocontrol se traduce en estallidos de ira, manipulación emocional y comportamientos destructivos.

A menudo, los psicópatas impulsivos tienen una necesidad constante de «sentir algo», ya sea a través de la excitación, la adrenalina o la gratificación instantánea. Cualquiera que haya interactuado con ellos puede notar que constantemente buscan nuevas experiencias, a menudo sin considerar los riesgos o las consecuencias. Esta necesidad constante de emoción los lleva a tomar esas decisiones impulsivas que pueden tener un impacto negativo en su bienestar, el de sus amigos o colegas y, a veces, incluso en el bienestar de su propia familia.

El impacto en los demás

Las víctimas de un psicópata impulsivo pueden experimentar un amplio rango de emociones, desde el asombro hasta la angustia. Imagínate estar atrapado en una relación con alguien que cambia de opinión constantemente, que actúa sin pensar y que crea caos a su alrededor, esté donde esté. La falta de estabilidad emocional de este tipo de psicópata puede crear un ambiente tóxico, lleno de ansiedad e inseguridad, donde la víctima nunca sabe qué esperar. Las personas que están cerca de un psicópata impulsivo se sienten como si estuvieran constantemente caminando sobre cáscaras de huevo, sin saber cuándo puede estallar una nueva crisis.

Además, la manipulación de este perfil no siempre es tan sofisticada como la de otros psicópatas, pero es igualmente efectiva. Si bien, a menudo utilizan la agresividad o la intimidación directa para salirse con la suya, aprovechándose de su impulso para actuar sin pensar. Y es que, en lugar de construir una fachada de «encanto» como otros psicópatas, el impulsivo utiliza su naturaleza desinhibida para manipular a los demás a través de la fuerza o la rabia, haciendo que aquellos que lo rodean se sientan indefensos o inseguros.

El psicópata impulsivo en el trabajo y en las relaciones

En el entorno laboral, el psicópata impulsivo a menudo crea caos. Cualquiera que haya tenido que trabajar con un colega impulsivo sabe que sus decisiones pueden ser erráticas y peligrosas. La falta de planificación y la tendencia a actuar sin pensar a menudo hacen que las tareas no se completen de manera eficiente.

Por otro lado, los psicópatas impulsivos pueden ser encantadores y persuasivos en un primer encuentro, a largo plazo su falta de responsabilidad y su estilo de vida impredecible tienden a desgastar la confianza de sus colegas.

En las relaciones personales, este tipo de psicópata a menudo crea altibajos emocionales extremos. Piensa por un momento estar en una relación con alguien que cambia de ánimo sin previo aviso, que tiene un comportamiento errático y que a menudo actúa de manera destructiva cuando las cosas no van como quiere. El psicópata impulsivo no tiene una visión clara de su futuro ni de cómo sus decisiones pueden afectar a los demás, lo que crea un ciclo constante de inestabilidad emocional. Por este motivo, las personas cercanas a ellos pueden sentirse atrapadas en un patrón de caos emocional y abuso, sin poder encontrar una salida.

El impacto a largo plazo

A largo plazo, las personas que interactúan con un psicópata impulsivo suelen experimentar un agotamiento emocional significativo. La constante incertidumbre y la falta de control pueden llevar a la víctima a sentirse perdida, confundida y, en algunos casos, incluso a sufrir de trastornos emocionales como ansiedad y depresión. Siguiendo con esta dinámica, el impacto que un psicópata impulsivo tiene en su entorno es profundo y dañino. No solo afecta a la estabilidad de sus relaciones personales, sino también a la seguridad emocional de las personas a su alrededor.

EJEMPLO DE ACTUACIÓN DE UN PSICÓPATA IMPULSIVO

Escenario: conflicto en una fiesta.	Imagina que estás en una fiesta con amigos y uno de ellos, un conocido psicópata impulsivo, comienza a discutir acaloradamente con otro invitado. La conversación empezó por una simple diferencia de opiniones, pero la intensidad de la discusión aumenta rápidamente. De repente, el psicópata comienza a gritar y a insultar al otro, incapaz de controlar su ira. La gente a su alrededor se queda en silencio, mientras él continúa, ignorando por completo las consecuencias de su comportamiento.
Lo que sucede:	El psicópata impulsivo, en lugar de calmarse o intentar razonar, reacciona con violencia verbal. En este momento, no le importa lo que piense la gente ni las posibles consecuencias para su reputación o las relaciones. El impulso de desquitarse es más fuerte que cualquier pensamiento racional.

2. El psicópata controlado

El poder absoluto corrompe absolutamente, pero
la corrupción más peligrosa es la que ni siquiera se nota.

Anónimo

El psicópata controlado es un perfil mucho más peligroso y difícil de detectar que el impulsivo. Este tipo de psicópata es altamente meticuloso y estratégico, capaz de planificar sus movimientos y decisiones con precisión. Aunque a menudo se comporta de manera que parece normal o incluso ejemplar, su verdadera naturaleza permanece oculta detrás de una fachada cuidadosamente construida. En el fondo, el psicópata controlado no actúa por emoción ni por impulso, sus decisiones son el resultado de un análisis frío y calculador de la situación y sus propios intereses.

Cualquiera de vosotros que haya convivido de cerca con un psicópata controlado sabe que su mayor habilidad es la de pasar desapercibido. A menudo se presenta como una persona perfectamente funcional, incluso atractiva, que cumple con las normas sociales y laborales.

Siguiendo con esta idea, su éxito en la vida social y profesional radica en su capacidad para entender y manipular a las personas sin que ellas se den cuenta. Mientras que otros psicó-patas pueden ser evidentes en su comportamiento, el contro-lado se mueve en las sombras, con un autocontrol absoluto que le permite operar en cualquier entorno sin levantar sospechas.

Lo que hace que el psicópata controlado sea tan peligroso es que tiene una habilidad excepcional para adaptarse a las circunstancias. En lugar de actuar de manera impulsiva, pla-nea cuidadosamente cada paso y evalúa meticulosamente las consecuencias de sus acciones. Es decir, no se deja llevar por las emociones del momento ni por el deseo de gratificación inmediata, sino que busca obtener poder y control a largo plazo. Como digo, cualquiera que haya interactuado con un individuo así sabe que las decisiones que toma siempre están guiadas por un cálculo frío, sin dejar espacio para la moral o la empatía.

LA MANIPULACIÓN EMOCIONAL EN SU MÁXIMA EXPRESIÓN

El psicópata controlado no utiliza la agresividad abierta como el impulsivo, ni la manipulación emocional directa como el emocional. En su lugar, este tipo de psicópata es experto en leer a las personas, en identificar sus debilidades y en utilizar esa información de manera estratégica.

Cierra los ojos, e imagina por un momento que estás tra-bajando junto a alguien que parece entenderte a la perfección, alguien que sabe exactamente cómo hacerte sentir especial y único, pero que, al mismo tiempo, está manipulando tus emo-ciones y comportamientos para su propio beneficio. Este es el arte de la manipulación emocional que el psicópata controlado domina.

Y, siguiendo con este patrón, el psicópata controlado sabe exactamente qué decir y cuándo decirlo para obtener lo que quiere. No necesita ser agresivo ni invadir los límites de los demás. Por el contrario, crea un ambiente en el que las personas sienten que él es el único en quien pueden confiar. Al sembrar dudas en la mente de sus víctimas sobre sus propias decisiones, el psicópata controlado mantiene un control total sobre ellas sin que estas siquiera se den cuenta de que están siendo manipuladas.

Si bien, a menudo este perfil de psicópata se muestra como alguien extremadamente encantador y confiable, una persona que parece tener todo bajo control. Esto hace que aquellos que lo rodean no cuestionen su comportamiento ni sus motivaciones. Si has estado cerca de este tipo de psicópata, seguro que has notado que, aunque su exterior es pulido y profesional, siempre hay algo inquietante debajo de la superficie. Su comportamiento siempre tiene un propósito, un fin, y sus acciones no son espontáneas, sino calculadas.

El psicópata controlado en las relaciones

El psicópata controlado es un maestro en las relaciones personales. Piensa estar en una relación con alguien que parece ser la persona perfecta: atento, comprensivo, siempre dispuesto a ayudar. Pero conforme la relación avanza, empiezas a notar que siempre tiene el control. Él decide dónde ir, qué hacer, y, a veces, incluso cómo pensar. En cambio, la manipulación es sutil y gradual, y la víctima puede no darse cuenta de que está perdiendo el control de su vida hasta que ya es demasiado tarde.

Este tipo de psicópata tiene una habilidad especial para establecer relaciones de dependencia emocional, sin que sus víctimas se den cuenta de que están atrapadas. A menudo se presenta como el «salvador» o «protector» de su pareja, mientras que, en realidad, está extrayendo poder emocional y controlando todos los aspectos de la vida del otro.

Si alguno de vosotros ha estado en una relación con un psicópata controlado sabe muy bien cómo funcionan, y que las primeras etapas parecen idílicas, pero, con el tiempo, la persona manipulada comienza a sentir que no puede vivir sin él, lo que crea un ciclo de dependencia emocional devastador.

EL PSICÓPATA CONTROLADO EN EL TRABAJO Y LA SOCIEDAD

En el ámbito laboral, el psicópata controlado es aún más peligroso. Siguiendo con su capacidad para adaptarse a cualquier situación, este tipo de psicópata puede ascender rápidamente en una organización, utilizando su astucia y manipulación para ganar poder. No utiliza tácticas agresivas ni dominantes, sino que se va infiltrando sutilmente en el sistema, ganando la confianza de sus superiores y compañeros mientras sigue operando en secreto para sus propios intereses. En cambio, las decisiones que toma nunca son impulsivas. Todo está cuidadosamente planeado, y sus objetivos siempre están orientados a obtener más poder.

Si has trabajado con alguien así has podido notar que, a menudo, este tipo de psicópata se presenta como alguien muy competente, profesional y dedicado, pero, en privado, su manipulación y control están bien establecidos. A medida que avanza en la jerarquía, se asegura de que nadie pueda cuestionar su posición. Su éxito no es producto de la habilidad técnica o de la creatividad, sino de su capacidad para leer a las personas, hacer promesas que sabe que no cumplirá, y manipular los entornos a su favor.

EL IMPACTO DEL PSICÓPATA CONTROLADO EN LOS DEMÁS

Las víctimas del psicópata controlado rara vez se dan cuenta de que están siendo manipuladas, y cuando lo hacen, a menudo ya es demasiado tarde. La manipulación emocional y la creación de una dependencia profunda en la víctima dejan cicatrices duraderas, tanto en la autoestima como en la capacidad de tomar decisiones autónomas. Supón lo que es vivir en un entorno donde nunca eres libre para tomar tus propias decisiones, donde siempre hay alguien que te dice qué hacer, qué pensar y cómo sentir. Las consecuencias de estar atrapado en esta dinámica son profundas y afectan a todos los aspectos de la vida de la víctima.

EJEMPLO DE ACTUACIÓN DE UN PSICÓPATA CONTROLADO

Escenario: Competencia en el trabajo.	Ponte en situación, y visualiza que trabajas con un colega altamente competitivo, que parece siempre calmado, analítico y lleno de confianza. Cada vez que hay una reunión o una competencia por un ascenso, él siempre se presenta como el candidato perfecto, pero su éxito nunca parece provenir solo de su habilidad profesional. Descubres que, en privado, ha manipulado la información que presentaron otros colegas, lo que lo pone en una posición privilegiada sin que nadie se dé cuenta.
Lo que sucede:	El psicópata controlado utiliza su calma y su meticulosidad para manipular las situaciones en su favor. A menudo no hay gritos ni conflictos evidentes, pero sus tácticas de control pasan desapercibidas, mientras él asegura quedarse siempre con el poder y la ventaja..

3. El psicópata emocional

*La manipulación más cruel no es la que te hace daño de
inmediato, sino la que te deja cicatrices invisibles.*

Anónimo

El psicópata emocional se caracteriza por su habilidad para manipular las emociones de los demás. A diferencia de los psicópatas controlados, que son más calculadores y sutiles, el psicópata emocional utiliza las emociones como su principal herramienta de control. Este tipo de psicópata es experto en crear una ilusión de cercanía, empatía y afecto, solo para aprovecharse de las vulnerabilidades emocionales de las personas que lo rodean. La clave de su manipulación radica en su capacidad para «leer» las emociones de los demás y usarlas en su propio beneficio.

Imagina lo que es estar en una relación con alguien que parece entenderte mejor que nadie, alguien que parece sentir lo mismo que tú y sabe exactamente qué decir en el momento preciso. Este tipo de psicópata se presenta como un «alma gemela», un amigo o pareja perfecto, pero, en realidad, está utilizando tu confianza y tus emociones para manipularte y controlarte.

Si has estado cerca de un psicópata emocional sabes que su encanto es temporal, ya que, una vez que has caído bajo su hechizo, te sientes atrapado en una red emocional que es difícil de romper.

El uso de la empatía falsa

Una de las características más inquietantes del psicópata emocional es su habilidad para imitar la empatía. Este tipo de psicópata no tiene la capacidad de sentir empatía genuina, pero es extremadamente hábil para simularla. Vamos, un peligro, porque lo que realmente está haciendo es estudiar las reacciones emocionales de los demás y responder de manera que les haga sentir que está conectado con ellos de una manera única. Al hacer esto, consigue que sus víctimas confíen en él, compartan sus emociones más profundas y se abran de una forma que no lo harían con otras personas.

Si has interactuado con un psicópata emocional sabes que sus respuestas siempre parecen ser la «respuesta correcta» en el momento. Si estás triste, él sabe exactamente lo que decir para consolarte, si estás emocionado, él sabe cómo reflejar tu entusiasmo de una manera que te hace sentir comprendido. Sin embargo, detrás de esa fachada de comprensión y apoyo, solo hay un individuo que está utilizando tus emociones en su propio beneficio, sin tener en cuenta el daño que puede causarte.

La manipulación emocional: jugando con los sentimientos ajenos

El psicópata emocional es experto en lo que se conoce como *gaslighting* emocional, una táctica en la que manipula las percepciones de la víctima para hacerle dudar de su propia realidad emocional.

Piensa ahora en un escenario en el que constantemente te sientes mal por algo que hiciste, pero nunca puedes recordar exactamente lo que hiciste mal —porque seguramente no existe—. El psicópata emocional es hábil para crear esta confusión, haciéndote sentir responsable de situaciones que no son tu culpa. Se trata de una táctica bien ensayada. El psicópata emocional puede hacer que la víctima dude de su propia percepción de la realidad, incluso en situaciones claras de abuso.

Además de esta manipulación directa, el psicópata emocional también utiliza tácticas indirectas para controlar las emociones de los demás. Y aunque a menudo actúa como si estuviera buscando el bienestar de las personas, no dudes que lo hace para conseguir su propio beneficio. Por ejemplo, puede hacer favores o demostraciones de cariño, solo para esperar que la víctima se sienta obligada a devolver el favor, manteniendo una relación de dependencia emocional.

EL PSICÓPATA EMOCIONAL EN EL ÁMBITO PERSONAL Y PROFESIONAL

Este tipo de psicópata suele ser muy exitoso en el ámbito personal y profesional debido a su capacidad para adaptarse a las emociones de las personas con las que interactúa.

Si te ha tocado trabajar con alguien que constantemente busca ganarse la simpatía de los demás, sabes a la perfección cómo un psicópata emocional puede ser percibido como un excelente líder o compañero de equipo. Porque su habilidad para leer a las personas y manipular sus emociones lo convierte en un individuo muy eficaz para obtener lo que quiere.

Por eso, este tipo de psicópata puede ser muy exitoso en el ámbito laboral, ya que sabe cómo aprovechar las debilidades emocionales de sus colegas o superiores para avanzar en su carrera.

En las relaciones personales, el psicópata emocional tiene una capacidad excepcional para enganchar a las personas y hacerlas sentir especiales. Sin embargo, lo que está haciendo en realidad es crear una dependencia emocional, haciéndoles creer que son las únicas personas importantes en su vida. Cuando la víctima finalmente se da cuenta de la manipulación, es posible que ya haya desarrollado una relación tan profunda que se vuelva difícil escapar de la red emocional que el psicópata ha tejido.

EL IMPACTO EMOCIONAL Y PSICOLÓGICO EN LAS VÍCTIMAS

Las víctimas de un psicópata emocional suelen experimentar un agotamiento emocional significativo. Piensa lo que supone estar atrapado en una relación en la que constantemente te manipulan para que te sientas culpable o responsable de las emociones del psicópata. Con el tiempo, esto puede llevar a un agotamiento emocional extremo, ansiedad y una pérdida de la autoestima. El psicópata emocional no solo juega con los sentimientos de su víctima, sino que también deja cicatrices duraderas que pueden afectar la capacidad de la víctima para formar relaciones saludables en el futuro.

Además, la manipulación emocional constante puede hacer que la víctima se sienta insegura y desconectada de sus propios sentimientos y deseos.

Si has estado bajo la influencia de un psicópata emocional sabes muy bien lo difícil que es recuperar la confianza en uno mismo una vez que ha sido erosionada por este tipo de manipulación.

LA SUPERVIVENCIA DEL PSICÓPATA EMOCIONAL

Aunque el psicópata emocional puede ser detectado con mayor facilidad que el psicópata controlado, su habilidad para manipular las emociones sigue siendo una herramienta poderosa. Bajo esta perspectiva, su capacidad para adaptarse a cualquier entorno y crear vínculos emocionales falsos lo convierte en una figura peligrosa, tanto en la vida personal como en el ámbito profesional. Su manipulación es sutil, pero profundamente efectiva, y sus víctimas a menudo no se dan cuenta del daño hasta que ya es demasiado tarde.

EJEMPLO DE ACTUACIÓN DE UN PSICÓPATA EMOCIONAL

Escenario: manipulación emocional en una relación	Conoces a alguien que parece encantador, atento y generoso. Sin embargo, después de un tiempo, te das cuenta de que esta persona te hace sentir constantemente culpable por cosas que no son tu responsabilidad. Cada vez que intentas mostrar tus necesidades o emociones, te hace sentir que estás siendo irracional, exagerado o egoísta. Te hace dudar de ti mismo, incluso en los momentos en los que tienes la razón.
Lo que sucede	El psicópata emocional utiliza el *gaslighting*, un tipo de manipulación que hace que la víctima cuestione su propia percepción de la realidad. El objetivo es aislar emocionalmente a la víctima, hacerla sentir insegura y dependiente del psicópata.

4. El psicópata superviviente

En tiempos de caos, el superviviente no es el más fuerte, sino el que sabe adaptarse mejor a la tormenta.

Anónimo

El psicópata superviviente es uno de los perfiles más complejos y difíciles de detectar, principalmente porque su habilidad para adaptarse a cualquier circunstancia lo convierte en un camaleón social. A diferencia de otros psicópatas que son más evidentes en sus comportamientos, el psicópata superviviente se especializa en adaptarse a los entornos más hostiles, aprovechando cualquier oportunidad que se le presente para salir adelante. Es una especie de «maestro de la supervivencia», que utiliza su astucia, su manipulación y su falta de escrúpulos para superar cualquier obstáculo, sin importar a quién tenga que pisotear en el proceso.

Piensa cómo sería estar en un entorno de trabajo donde las presiones y la competencia son intensas. El psicópata superviviente no solo sobrevive, sino que florece, moviéndose a través de las situaciones difíciles con una frialdad implacable. Porque, en su capacidad para adaptarse, el psicópata superviviente no se siente amenazado por el caos ni por las adversidades, de

hecho, estas condiciones parecen fortalecer su deseo de sobre-
salir a cualquier costo. Este perfil es, en muchos sentidos, el
más peligroso, porque puede disfrazar su naturaleza despiadada bajo una fachada de resiliencia, trabajando incansable-
mente para alcanzar sus objetivos mientras destruye a quienes
se interpongan en su camino.

Si alguno de vosotros interactuáis con un psicópata superviviente podréis reconocerlo por su habilidad para manipular las
circunstancias a su favor. Mientras que otros pueden sucumbir
al estrés y la ansiedad, el psicópata superviviente se alimenta
de la lucha, encontrando formas de salir airoso incluso en los
entornos más desafiantes. Su supervivencia no depende de su
talento o habilidades excepcionales, sino de su capacidad para
leer las situaciones y adaptarse con rapidez a los cambios, siempre con un enfoque en su beneficio personal.

Adaptación a cualquier entorno

Como digo, lo que distingue al psicópata superviviente es su
capacidad para adaptarse a cualquier situación. En cambio,
a diferencia de otros psicópatas que pueden ser ruidosos o
evidentes, este tipo de psicópata se adaptará sin esfuerzo, se
infiltrará en cualquier grupo y entenderá rápidamente cuáles son las reglas no dichas del entorno en el que se encuen-
tre. Siguiendo con esta habilidad de camuflaje, el psicópata
superviviente puede transformarse en lo que las personas a su
alrededor necesitan que sea: el amigo leal, el compañero trabajador, el líder confiable o incluso el mentor. Todo esto con
un único objetivo: avanzar en su propio interés y escalar en la
jerarquía sin ser descubierto.

Esta capacidad para ajustarse es lo que hace que el psicópata
superviviente sea tan difícil de detectar. En cualquier ambiente,
ya sea laboral, social o personal, tiene la habilidad de manipular las dinámicas y de asegurarse de que, al final, siempre será

él quien salga ganando. De hecho, si te ha tocado trabajar con uno de ellos en un entorno altamente competitivo o has estado cerca de figuras poderosas en el mundo empresarial, sabes que algunos individuos parecen tener un talento único para «salir ilesos» de cualquier escándalo o problema, sin importar cuán difícil sea la situación.

El uso de la empatía estratégica

Aunque el psicópata superviviente no siente, ni por asomo, empatía genuina, sí es capaz de usarla estratégicamente para avanzar en sus objetivos. Imagina a alguien que parece ser extremadamente comprensivo y atento, pero en realidad está utilizando esa imagen para manipular a los demás y ganarse su confianza. Ese es su retrato.

Siguiendo con este enfoque pragmático, el psicópata superviviente no pierde tiempo fingiendo una conexión emocional profunda. Sabe que la clave está en manipular las emociones de los demás de manera que le ayuden a conseguir lo que quiere, sin que se den cuenta de su verdadera intención.

A diferencia de los psicópatas emocionales, que buscan manipular las emociones de los demás para controlarlas de manera más directa, el psicópata superviviente las usa de forma más calculadora. Aunque su objetivo no es necesariamente hacer que otros sufran, sino asegurarse de que puedan ser utilizados para su propio beneficio. Manipula sus emociones para que lo vean como alguien valioso, útil o necesario, creando un aura de dependencia que le beneficia tanto a nivel personal como profesional.

El psicópata superviviente en el trabajo y la sociedad

En el ámbito laboral, el psicópata superviviente sobresale, especialmente en situaciones de alta competencia o crisis. Quienes hayáis estado en una empresa que atraviesa dificultades económicas o internas podréis reconocer cómo algunos individuos parecen prosperar en la adversidad. Mientras que otros se estancan o abandonan, el psicópata superviviente utiliza su capacidad para adaptarse y manipular la situación a su favor. De hecho, muchas veces es él quien se sale con la suya, alcanzando posiciones de poder, sin importar los costos emocionales o las consecuencias para los demás.

En la sociedad, el psicópata superviviente a menudo se presenta como alguien muy persuasivo, capaz de conectar con los demás de una manera que parece genuina. Sin embargo, esta conexión es solo un medio para lograr un fin. Su habilidad para crear alianzas y establecer relaciones de manera rápida le permite escalar posiciones y ganar poder. Y, es que, en su capacidad para manipular situaciones, el psicópata superviviente se convierte en un experto en redes, siempre con un pie en cada entorno, sabiendo exactamente qué decir y a quién decirlo para que su influencia crezca.

El impacto en los demás: desconfianza y agotamiento emocional

Las personas que interactúan con un psicópata superviviente a menudo se sienten confundidas y agotadas emocionalmente. Visualiza un ambiente donde las alianzas cambian constantemente, y las personas a tu alrededor parecen moverse siempre en función de sus propios intereses. Ahí precisamente es donde el psicópata superviviente crea una atmósfera de constante incertidumbre, donde las relaciones son siempre transaccionales y basadas en la conveniencia. Las víctimas de esta manipulación pueden sentirse atrapadas en un ciclo de desconfianza y agotamiento psicológico, ya que nunca saben si las personas con las que interactúan tienen intenciones genuinas o están simplemente buscando algo a cambio.

En el ámbito profesional, este tipo de psicópata puede crear un entorno altamente competitivo y tóxico, donde las personas se ven obligadas a luchar por su lugar y se sienten constantemente inseguras. Las víctimas no solo se ven atrapadas en un ciclo de manipulación emocional, sino que también sufren el desgaste de no saber en quién confiar. La manipulación constante y el uso estratégico de las emociones pueden hacer que las víctimas se conviertan en piezas de ajedrez, movidas por el psicópata para lograr sus propios objetivos.

Ejemplo de actuación de un psicópata superviviente

Escenario: manipulación en una crisis.	Imaginemos una situación de crisis en la empresa. Aquí, el psicópata superviviente comienza a tomar las riendas, a pesar de que no es quien normalmente lidera el equipo. Mientras otros intentan gestionar la incertidumbre, él se presenta como la solución, el experto que sabe exactamente qué hacer. Al final, logra tomar el control de la situación, haciendo que todos confíen en él y sigan sus directrices, mientras que las verdaderas soluciones vienen de otros, que no obtienen el crédito.

Lo que sucede:	El psicópata superviviente se adapta rápidamente, presentándose como el líder en momentos críticos. Su habilidad para tratar a los demás y aprovechar las oportunidades lo convierte en un maestro en situaciones de conflicto, siempre encontrando una manera de estar en la cima.

5. El psicópata encubierto

El rostro más peligroso no es el que grita, sino el que sonríe
mientras te destruye por dentro.

Anónimo

El psicópata encubierto es el maestro del disfraz. A diferencia de otros perfiles psicopáticos, este tipo de psicópata sabe cómo pasar desapercibido, ocultando su verdadera naturaleza detrás de una fachada perfectamente construida. En la superficie, el psicópata encubierto parece ser una persona normal, incluso admirable, que cumple con las expectativas sociales y laborales. Sin embargo, debajo de esa fachada, se esconde un ser manipulador, egoísta y profundamente dañino para aquellos que lo rodean.

Veamos. Piensa ahora que te encuentras con alguien que se presenta como un líder respetable, un amigo confiable o incluso una persona ejemplar en su comunidad. Este tipo de psicópata sabe cómo ganarse la confianza de los demás, mostrándose atento, educado y aparentemente dispuesto a ayudar. Siguiendo con su habilidad para manipular las percepciones, el psicópata encubierto es experto en crear una imagen positiva de sí mismo, ocultando cualquier rastro de la psicopatía que lo caracteriza. Esta capacidad de ocultarse es lo que lo convierte en uno de los perfiles más peligrosos, ya que las personas que interactúan con él nunca sospechan de sus verdaderas intenciones.

Si te has topado de cerca con un psicópata encubierto, has podido reconocer cómo se ganan la confianza de los demás de manera gradual y meticulosa. Este tipo de psicópata no va directo al grano con su manipulación, en lugar de eso, construye relaciones de largo plazo en las que parece genuinamente interesado en las personas. Sin embargo, una vez que se ha ganado la confianza de sus víctimas, empieza a tomar el control, controlando las emociones, decisiones y acciones de aquellos que lo rodean sin que ellos se den cuenta de lo que está sucediendo.

El encanto y la fachada de normalidad

Una de las características más peligrosas del psicópata encubierto es su capacidad para encajar perfectamente en cualquier entorno. Imagina en este momento a un individuo que parece tenerlo todo: una carrera exitosa, una vida social activa y relaciones personales que parecen sólidas. Esta es la apariencia que el psicópata encubierto construye cuidadosamente, ocultando su verdadera naturaleza detrás de una fachada que se ajusta perfectamente a las expectativas de la sociedad. Porque con esta habilidad, puede ser difícil detectar a este tipo de psicópata, ya que se adapta a las normas sociales y actúa como cualquier persona «normal».

Cualquier persona que haya trabajado con una persona así sabe que puede ser extremadamente difícil identificar algún comportamiento extraño o dañino en un principio. Este tipo de psicópata utiliza su encanto y su apariencia de normalidad para manipular las situaciones a su favor, mientras que, en privado, no siente ningún remordimiento por las personas a las que utiliza. Por el contrario, lo que parece ser una persona con buenas intenciones rápidamente se convierte en un manipulador maestro que controla a los demás sin que estos lo noten.

LA MANIPULACIÓN SUTIL: EL CONTROL INVISIBLE

El psicópata encubierto no necesita ser agresivo o llamativo para controlar a las personas a su alrededor. Para nada, porque su manipulación es mucho más sutil, basada en pequeñas insinuaciones y estrategias que afectan a las emociones y decisiones de los demás sin que ellos sean conscientes de ello.

Así, continuando su táctica, el psicópata encubierto se infiltra en la vida de sus víctimas, creando un ambiente de dependencia emocional, donde la víctima comienza a confiar tanto en el psicópata, que le otorga el poder de tomar decisiones importantes en su vida.

Ahora, ponte en situación y visualiza una escena en la que un psicópata encubierto aparece y te hace dudar de tus propias decisiones, sugiriendo, con sutileza —eso sí—, que sus ideas o enfoques son siempre los correctos. Porque así será siempre. Eso no cambia.

Por lo que si se te acerca alguna vez un psicópata encubierto, te dejo aquí su táctica para que puedas reconocerlo de inmediato: crear un ambiente de inseguridad emocional donde la víctima busca constantemente la aprobación del psicópata, creyendo que sus juicios y consejos son los mejores. Lo que no ven es que, en realidad, el psicópata está minando su autonomía y control, y siempre busca su propio beneficio.

EL PSICÓPATA ENCUBIERTO EN LAS RELACIONES PERSONALES Y LABORALES

En las relaciones personales, el psicópata encubierto crea una dinámica de control emocional difícil de detectar. Y, con el mismo patrón de manipulación sutil, comienza a ganarse la confianza de la víctima, mostrando su apoyo, afecto y comprensión. Una vez que se ha establecido esta conexión emocional, el psicópata empieza a influir en las decisiones importantes, sin que la víctima se dé cuenta de que está siendo manipulada.

Pero aún hay más. El psicópata encubierto también es experto en mantener relaciones superficiales con otras personas, mientras que, en privado, mantiene un control total sobre las decisiones y comportamientos de aquellos más cercanos. En el ámbito laboral, este perfil puede ser aún más peligroso.

Si te toca trabajar con un individuo así, verás que este tipo de psicópata puede ascender rápidamente dentro de una organización, ganándose la confianza de los superiores y compañeros, mientras estudia a todos para obtener poder y reconocimiento.

EL IMPACTO PSICOLÓGICO EN LAS VÍCTIMAS

Las víctimas de un psicópata encubierto a menudo se sienten confundidas y psíquicamente agotadas, ya que nunca se dan cuenta de que están siendo manipuladas. En un principio, la víctima se encontrará en una relación o en un entorno de trabajo donde todo parece perfecto, solo para descubrir más tarde que su vida ha sido manipulada de manera tan sutil, que no lo vio venir. Porque lo que el psicópata encubierto logra es crear un ambiente donde las personas se sienten dependientes de él, pero sin saber exactamente cómo se ha logrado esa influencia.

A largo plazo, las víctimas pueden experimentar un deterioro emocional significativo, ya que el psicópata encubierto socava su confianza y autonomía. La manipulación constante lleva a una sensación de inseguridad que puede durar mucho después de que la relación o la interacción con el psicópata haya terminado. Cualquiera que haya estado bajo la influencia de un psicópata encubierto sabe lo difícil que es recuperar el sentido de identidad y autonomía cuando se ha sido manipulado tan profundamente.

Ejemplo de actuación de un psicópata encubierto

Escenario: relaciones de amistad	Un amigo cercano siempre parece estar dispuesto a escuchar, a ayudarte en momentos difíciles y a darte consejos. Sin embargo, empiezas a notar que cada vez que tienes un problema, él aparece para «ayudarte» de manera que te hace depender de él, sin que te des cuenta. A lo largo del tiempo, esta persona te hace sentir que debes mantener su favor, y cualquier desacuerdo o intento de cuestionar sus acciones hace que la relación se vuelva fría y distante.
Lo que sucede:	El psicópata encubierto no grita ni actúa de manera evidente, pero lentamente toma control de la relación emocional, haciéndote depender de su apoyo y validación. Su manipulación es tan sutil, que te das cuenta de su influencia solo cuando ya está demasiado arraigada.

6. El psicópata narcisista

El ego de un narcisista nunca es suficiente, siempre pide más,
a costa de destruir todo lo que le rodea.

Anónimo

El psicópata narcisista es, en muchos aspectos, el más visible de todos los perfiles, ya que su necesidad de admiración y validación es tan grande que constantemente busca ser el centro de atención. Sin embargo, detrás de esta fachada de grandiosidad y autoestima desmesurada, se esconde una personalidad manipuladora, carente de empatía y completamente egoísta. Este tipo de psicópata no solo cree ser superior a los demás, sino que se considera casi divino, con derechos especiales que justifican su comportamiento destructivo hacia los demás. En mi opinión, este es el psicópata más peligroso para su víctima.

Imagina a alguien que siempre necesita ser el centro de atención, que se siente ofendido si no recibe la admiración que cree merecer. Este perfil es el más claro ejemplo de la psicopatía combinada con el narcisismo, y sus acciones están completamente motivadas por la necesidad de validación externa. Y, no solo es eso, no. Porque, además, el psicópata narcisista no se conforma con ser simplemente exitoso o admirado. Su necesidad de reconocimiento es insaciable, y hará lo que sea necesario para asegurarse de que todas las miradas estén sobre él.

Este tipo de psicópata no solo se ve a sí mismo como especial, sino que se siente con derecho a usar a los demás para alcanzar sus objetivos. Si has visto interactuar a un psicópata narcisista sabes muy bien —o deberías saber— que su visión de sí mismo es tan inflada que cualquier crítica o desafío a su egocéntrica perspectiva puede ser percibido como una amenaza directa a su «grandeza». En lugar de ver a los demás como individuos autónomos, los psicópatas narcisistas los ven como instrumentos para reforzar su propio sentido de superioridad.

LA MANIPULACIÓN A TRAVÉS DE LA ADMIRACIÓN Y EL CONTROL

La principal herramienta de manipulación del psicópata narcisista es su capacidad para crear una imagen idealizada de sí mismo. Piensa en alguien que constantemente se presenta como exitoso, competente, carismático y generoso —«soy muy bueno», te dirá—, pero que en privado sacará su verdadera naturaleza: egoísta, calculador y vacío. Este tipo de psicópata es un experto en hacer que los demás lo vean como alguien digno de admiración y respeto. Siguiendo con su estrategia, el narcisista manipulará a las personas que estén a su alrededor para que le den la validación que tanto ansía, y cuando no la obtiene, se convierte en una persona vengativa y destructiva.

El psicópata narcisista necesita que todos los demás lo vean como el mejor, el más exitoso o el más inteligente. En cambio, cualquier intento de cuestionar o desafiar esta percepción de sí mismo es visto como una afrenta intolerable. En situaciones de conflicto, el psicópata narcisista tiende a proyectar su propia imagen idealizada sobre los demás, exigiendo que lo adoren y lo acepten sin reservas. Las personas que se sienten atraídas por su encanto o por su supuesta superioridad emocional suelen ser manipuladas a través de una combinación de halagos, favores y promesas vacías. Promesas que muy pocas veces se cumplirán.

El psicópata narcisista en las relaciones personales

En el ámbito personal, el psicópata narcisista es conocido por su capacidad para seducir y atraer a los demás con su encanto, simpatía y promesas de amor eterno.

Si el narcisista es tu pareja, al principio, estarás en una relación con alguien que parece ser la persona perfecta: atento, comprensivo, generoso y absolutamente dedicado. Siguiendo con esta fachada de perfección, el psicópata narcisista creará una atmósfera donde la víctima —tú— se siente especial y valorada, solo para luego manipularla a su favor.

Una vez que la víctima se ha enamorado o se ha comprometido emocionalmente, el psicópata narcisista comienza a mostrar su verdadero rostro. Ese rostro, esa máscara, que deberás quitarle pronto para salir lo más ilesa que puedas de la tormenta que te hará vivir. Porque el narcisista tiene la capacidad de hacer que su pareja se sienta insignificante, dependiente y emocionalmente agotada, todo mientras él mantiene la ilusión de ser una persona perfecta. Cuando la víctima intenta separarse o poner límites, el psicópata narcisista suele recurrir a tácticas de manipulación emocional, como el *gaslighting*, haciendo creer a su pareja que está equivocada, que no lo entiende o que está siendo injusta. Porque los límites que tú le pongas al narcisista siempre estarán vetados, siempre serán injustos para él. Posiblemente utilizará frases como que eres una persona celosa, aunque la discusión venga directa porque le has pillado coqueteando descaradamente con alguien que no eres tú. O bien, le dará la vuelta a tu angustia y la hará suya, te dirá que le abrumas, que antes de conocerte hacía muchas cosas que ya no hace, que era muy feliz porque hacía viajes maravillosos y fiestas estupendas, y un sinfín de actividades que desde que está contigo ya no hace. Y, posiblemente, si aún no has perdido el juicio —o no del todo— sabrás que nada de eso es verdad, que tú también estás dispuesto a viajar, a irte de fiesta y a realizar todo ese tipo de actividades que jamás has vetado. Pero, si se lo dices, sacará su «as en la manga», su estrategia mortal que te dará la estocada: dejará de hablar. Te castigará con la Ley del silencio, con la conocida Ley de hielo. Ahí, el narcisista delatará toda su indolencia, su falta de empatía, y tú deberías ver eso como una señal roja, una alarma que debe despertarte de donde sea que el psicópata te haya llevado. Porque en ese silencio te estará demostrando el poco respeto que te tiene, lo muy poco que le duele tu sufrimiento. Porque no estoy hablando simplemente de una discusión donde los dos, o uno de los dos, se enroca y deja de hablar unos minutos, o unas horas, no. Estoy hablando de que ese silencio puede durar semanas, incluso meses, y que solo terminará cuando seas tú quien ceda. Y, aún hay más. Es posible que de alguna manera el narcisista también te «obligue» a pedirle perdón. Y si ese perdón no le llega como quiere, la ley del silencio continuará cual tortura en la Edad Media. Y, te digo, que si ya estás muy enredado en su juego, terminarás pidiendo perdón por algo que no has hecho o, peor aún, por algo que ni siquiera sabes qué es. Porque en todo el esplendor estratégico del narcisista, lo más probable es que su enfado no haya sido en medio de una trifulca, ni de una discusión en la que sabrías el porqué. Simplemente, se enfadó, y tú estabas ahí.

Y seguimos sumando, porque aún podemos ver otra de las grandes características del narcisista, lo que conocemos coloquialmente como la «Ley del embudo»: él se siente con derecho a todo, y tú solo con lo que a él le parezca bien. Y esto es así —será así—, porque a ti te dará miedo confrontarlo. Porque confrontarlo es iniciar el proceso del *gaslighting*, el del silencio, el de la manipulación para que veas lo que solo él quiere que veas. Así, te encontrarás viendo como ninguno de tus límites —esos que antes del narcisista creías sagrados— son aceptados. Ninguno. Se los saltará todos. Todos. Y, además lo hará con alevosía, y, por supuesto, sin ningún tipo de remordimiento. Pero tú, tú tendrás que asumir todos los suyos. Aunque sean injustos, aunque no los entiendas. ¿Y, sabes por qué lo harás? Porque tendrás miedo de volver a despertar a la bestia.

Cualquiera que haya estado en una relación con un psicópata narcisista sabe que es una experiencia agotadora. A pesar de que al principio la relación parecía idílica, con el tiempo la persona manipulada se da cuenta de que está siendo utilizada como un accesorio para reforzar la imagen de grandeza del narcisista —la que él se fabrica, no la que tiene—. En lugar de una relación equitativa y saludable, el psicópata narcisista crea una dinámica destructiva en la que la víctima se ve atrapada, emocionalmente drenada y completamente dependiente de la validación que solo el psicópata narcisista puede proporcionar.

EL PSICÓPATA NARCISISTA EN EL TRABAJO Y LA SOCIEDAD

En el trabajo y en la sociedad, el psicópata narcisista también sabe cómo utilizar su imagen para obtener poder. Imaginemos a un jefe que se presenta como un líder brillante, capaz de tomar las decisiones más inteligentes y eficaces, pero que, en realidad, solo se aprovecha de las ideas de los demás para reforzar su propia imagen. Porque el psicópata narcisista manipula las percepciones de los demás, haciéndoles creer que es el líder natural, el experto indiscutido, cuando en realidad es incapaz de reconocer sus propios defectos o aceptar críticas.

Este tipo de psicópata también utiliza su poder y su influencia para controlar y manipular a los demás en su entorno social. El narcisista crea una red de personas que lo adulan, lo siguen y lo apoyan, no porque lo respeten, sino porque han sido seleccionados para hacerlo. A menudo, el psicópata narcisista actúa como un «triunfador», alguien que ha alcanzado el éxito a pesar de las dificultades, mientras que, en realidad, sus logros son una combinación de engaño, manipulación y explotación.

El impacto en los demás

El impacto que el psicópata narcisista tiene en los demás es devastador. Piensa por un momento en vivir en un ambiente donde todo gira en torno a las necesidades y deseos de una sola persona, donde las expectativas son imposibles de satisfacer —porque siempre serán imposibles— y donde el amor o el respeto se otorgan solo si se cumple con las demandas del psicópata. Las víctimas de un psicópata narcisista suelen experimentar una pérdida de autoestima, ansiedad y depresión, ya que constantemente se sienten como si no fueran lo suficientemente buenas.

Si has estado cerca de un psicópata narcisista, sabes que, aunque al principio puede parecer una persona encantadora y atractiva, con el tiempo se convierte en una fuente constante de sufrimiento emocional. El narcisista no tiene en cuenta las necesidades o sentimientos de los demás, y su egoísmo y su obsesión por la validación lo convierten en una persona tóxica y destructiva para cualquier relación. En este caso, las secuelas en la víctima son devastadoras.

Ejemplo de actuación de un psicópata narcisista

Escenario: En una cena con amigos.	Durante una cena, un conocido narcisista empieza a hablar sobre sus logros personales, exagerando cada detalle y asegurándose de que todos lo miren con admiración. Cuando alguien intenta compartir una historia similar, él rápidamente la minimiza y la desvía para centrarse nuevamente en sí mismo. Al final de la noche, la conversación gira completamente a su alrededor, y los demás, sintiéndose eclipsados, se retiran sin poder sacar provecho de su propio tiempo.
Lo que sucede:	El psicópata narcisista necesita ser el centro de atención a toda costa. Utiliza cada oportunidad para destacar sus propios logros y minimizar los de los demás, sin ningún interés real en los demás. El daño emocional que causa es indirecto, pero afecta la autoestima de quienes lo rodean.

7. El psicópata paranoico

La paranoia no es solo el miedo a ser destruido;
es la necesidad de destruir antes de que te destruyan.

Anónimo

El psicópata paranoico es uno de los perfiles más complejos y difíciles de manejar, ya que su desconfianza extrema hacia los demás y su constante sensación de ser perseguido o amenazado lo convierten en una figura impredecible. A diferencia de otros psicópatas que actúan de manera abierta y calculada, el psicópata paranoico vive atrapado en una red de paranoia que afecta todas sus interacciones y decisiones. Este tipo de psicópata no solo desconfía de los demás, sino que también ve a todo el mundo como una amenaza potencial que debe ser controlada, manipulada o destruida.

Visualiza a una persona que nunca está tranquila, que siempre se siente acechada, vigilada y constantemente en peligro. El psicópata paranoico puede ser muy difícil de descubrir en un principio, ya que se presenta como una persona alerta, observadora y prudente. Sin embargo, detrás de esa fachada de precaución se esconde una persona cuya desconfianza hacia los demás la lleva a tomar decisiones erráticas, a veces destructivas.

Porque el psicópata paranoico ve el mundo como un lugar lleno de traiciones, conspiraciones y amenazas, y utiliza su desconfianza para llevar las situaciones a su favor, incluso si esto significa destruir a aquellos que considera «enemigos».

La constante desconfianza y el aislamiento

Uno de los rasgos más destacados del psicópata paranoico es su incapacidad para confiar en nadie. Si has tropezado en alguna ocasión con este tipo de psicópata sabes que, a pesar de que pueda parecer educado o incluso afectuoso, su desconfianza es constante. Este tipo de psicópata tiende a interpretar las acciones y palabras de los demás de manera negativa, creyendo que todos tienen intenciones ocultas y que, en cualquier momento, alguien podría traicionarlo. Si bien, esta desconfianza constante lo lleva a vivir en un estado de aislamiento, ya que se siente más seguro estando solo que en compañía de los demás.

Partiendo de este comportamiento, el psicópata paranoico a menudo se ve rodeado de un círculo muy cerrado de personas que le sirven a su propósito: alimentan su paranoia y refuerzan su creencia de que el mundo está en su contra. El psicópata paranoico no tolera ser desafiado, ya que interpreta cualquier crítica o desacuerdo como un ataque personal. Por lo que sus relaciones son frágiles y disfuncionales, porque su desconfianza y su tendencia a ver a todos como enemigos terminan destruyendo cualquier intento de conexión genuina.

Manipulación a través del miedo y la desinformación

El psicópata paranoico no se conforma solo con su desconfianza, también utiliza el miedo para manipular a los demás. Y, en lugar de inspirar confianza, se dedica a sembrar dudas y sospechas en los demás, utilizando la paranoia como una herramienta de control. El psicópata paranoico sabe que el miedo es un recurso poderoso, y lo utiliza para generar confusión, caos y desinformación en su entorno. Si has estado cerca de este tipo de psicópata sabes que es capaz de crear un ambiente donde todos están constantemente mirando por encima del hombro, dudando de sus compañeros y desconfiando de las intenciones de los demás.

A menudo, el psicópata paranoico exagera situaciones menores, creando una atmósfera de amenaza constante. También, lo que parece ser una preocupación genuina por su seguridad o bienestar es en realidad una estrategia para hacer que los demás se alineen con él y refuercen su visión del mundo. Este tipo de psicópata es experto en crear conflictos, en enfrentar a las personas entre sí, y en utilizar la desinformación para mantener el control sobre su entorno. Los demás a menudo se sienten atrapados, ya que no saben quién es el enemigo real, y se ven obligados a seguir la narrativa paranoica del psicópata para evitar convertirse en su siguiente objetivo.

El psicópata paranoico en el trabajo y en la sociedad

En el trabajo y en la sociedad, el psicópata paranoico crea un ambiente infecto donde las relaciones de confianza y colaboración son prácticamente imposibles. Si te ha tocado trabajar con un líder o compañero paranoico sabes que las decisiones nunca se toman en base a la lógica o la razón, sino a la percepción de amenazas externas. Este tipo de psicópata puede ver a sus compañeros como competidores peligrosos, a sus subordinados como traidores potenciales y a cualquier autoridad como una fuente de control y opresión. En lugar de trabajar en equipo, prefiere mantenerse distante, vigilante y siempre alerta a cualquier señal de traición.

Y, siguiendo con este patrón de comportamiento, el psicópata paranoico crea un entorno de desconfianza generalizada, donde las personas se sienten constantemente inseguras. Porque la paranoia se convierte en el marco interpretativo de todas las acciones, y cualquier interacción se vuelve sospechosa. Los psicópatas paranoicos, a menudo, son excelentes en sembrar discordia, en hacer que las personas se enfrenten entre sí y en provocar conflictos innecesarios. Su habilidad para manipular a los demás a través del miedo los convierte en figuras difíciles de desafiar, ya que la mayoría prefiere evitar el conflicto y seguir el ritmo de su paranoia para evitar ser considerado una amenaza.

El impacto en los demás: ansiedad y desconfianza

Las víctimas del psicópata paranoico experimentan un profundo impacto emocional, ya que viven constantemente bajo la sombra de la desconfianza y el miedo. Piensa en un entorno en el que no puedes confiar en nadie, ni siquiera en las personas más cercanas a ti. El psicópata paranoico crea este ambiente, donde sus víctimas se sienten siempre inseguras y ansiosas, temiendo que cualquier gesto o palabra pueda ser interpretado como una traición. Las relaciones laborales, familiares o sociales se ven profundamente afectadas, ya que los psicópatas paranoicos crean una atmósfera de caos y desconfianza que desgasta emocionalmente a todos los involucrados.

Por lo que, a largo plazo, las víctimas pueden desarrollar trastornos de ansiedad, depresión y paranoia propia debido a la constante manipulación del psicópata. Este ambiente de desconfianza y miedo no solo afecta a las personas directamente involucradas con el psicópata paranoico, sino que puede tener efectos devastadores en el grupo social o laboral en su conjunto. El desgaste emocional y la erosión de la confianza son algunos de los efectos más comunes que este tipo de psicópata deja en su paso.

Ejemplo de actuación de un psicópata paranoico

Escenario: Ambiente de trabajo tenso	En el trabajo, un colega paranoico empieza a cuestionar las motivaciones de todos los demás. Nadie se atreve a hacer una sugerencia sin que él piense que hay una conspiración detrás. Un simple comentario en una reunión se convierte en un tema de debate, con él acusando a los demás de intentar tomar el crédito por sus ideas. La desconfianza crece, y las relaciones laborales se deterioran rápidamente.
Lo que sucede:	El psicópata paranoico se alimenta de la desconfianza. Convierte cualquier interacción en una posible amenaza, aislando a sus compañeros y creando un ambiente de tensión que perjudica el rendimiento y la cooperación en el trabajo.

Esquema Comparativo de Perfiles Psicopáticos

Perfil Psicopático	Características Principales	Tácticas de Manipulación	Entorno Ideal	Peligro Principal
Psicópata Impulsivo	Falta de control, reacciones emocionales intensas.	Comportamientos erráticos, estallidos de ira, decisiones impulsivas.	Ambientes caóticos, situaciones de estrés.	Daño inmediato, confrontaciones.
Psicópata Controlado	Estrategia, frialdad, meticulosidad.	Manipulación sutil, control emocional a largo plazo.	Entornos de alta competencia o estructura.	Control silencioso, largo plazo.
Psicópata Emocional	Uso de las emociones de los demás para manipular.	Gaslighting, victimización, creación de dependencias emocionales.	Relaciones cercanas, trabajo en equipo.	Agotamiento emocional, dependencia.
Psicópata Superviviente	Adaptabilidad, resiliencia, flexibilidad.	Aprovechamiento de situaciones, adaptación rápida a cambios.	Situaciones de crisis o conflicto.	Daño indirecto, manipulación social.
Psicópata Encubierto	Apariencia perfecta, camuflaje social.	Manipulación sutil, control emocional a largo plazo.	Ámbitos laborales o sociales.	Destrucción lenta, manipulación invisible.
Psicópata Narcisista	Necesidad constante de admiración, sentido de superioridad.	Uso del halago, manipulación para obtener validación constante.	Entornos donde pueda brillar y destacar.	Daño a la autoestima, egoísmo extremo.
Psicópata Paranoico	Desconfianza extrema, aislamiento.	Siembra de desconfianza,	Situaciones de alta	Desconfianza generalizada, aislamiento.

Características clave del psicópata invisible

Voy a decirlo claro, el psicópata invisible no se esconde. Se adapta. No necesita aislarse de la sociedad, todo lo contrario, la necesita para validarse, para escalar, para obtener lo que quiere. Y lo consigue, casi siempre, porque domina el código social mejor que nadie.

Estos son algunos de los rasgos más comunes que vas a reconocer a lo largo del libro:

Encanto superficial. Sabe lo que decir. Sabe cómo mirar. Y sobre todo, sabe cuándo callar.
Ausencia de empatía. No es que no entienda tus emociones. Es que no le interesan. Puede imitarlas, pero no las siente.
Falta de remordimiento. No se arrepiente. Se protege. Si pide perdón, es porque conviene. No porque lo sienta.
Narcisismo estructural. No siempre se muestra como grandioso o exagerado. A veces es frío, sutil, clínico. Pero siempre se considera superior.
Manipulación. No te va a empujar por las escaleras. Te va a convencer de que bajes tú sola.
Capacidad de seducción estratégica. El psicópata integrado no enamora por accidente. Lo hace con propósito.
Ausencia de miedo social. No teme el juicio ajeno. Porque no lo necesita. Porque no lo reconoce como amenaza real.

¿Te resulta familiar alguno de estos rasgos? Perfecto.

No los olvides. Vamos a verlos muchas veces a lo largo de estas páginas. Y lo más inquietante, no siempre en el mismo cuerpo.

Cómo logran adaptarse sin delatarse

Una pregunta que surge con frecuencia es ¿Cómo es posible que estas personas no sean descubiertas antes? ¿Cómo puede alguien así convivir con nosotros sin que salten las alarmas?

La respuesta está en una palabra: mimetismo.

El psicópata funcional no rompe el molde, lo estudia, lo copia, y después lo perfecciona. No lleva un cartel en la frente. Lleva un espejo que refleja lo que se necesita ver en cada momento. Y en ese reflejo es donde entras tú.

Porque nosotros somos parte de su camuflaje. Necesita validación, necesita aliados, necesita admiración, y si tú estás dispuesto a entregársela, él sabrá qué darte a cambio. No por generosidad, sino por eficacia. Todo lo que ofrece está calculado. El psicópata invisible no da pasos en falso, porque no construye vínculos, teje redes.

Y lo más fascinante —o aterrador, según el día que tengas— es que no es infrecuente que estas personas pasen años sin levantar sospechas. Algunos incluso nunca son descubiertos, porque las señales que emiten son tan suaves, tan racionales, tan «coherentes», que el entorno no tiene cómo probar que algo no encaja.

Y cuando una víctima se atreve a señalar lo que ha vivido, aparece el clásico coro de incredulidad:

«¿Pero cómo va a ser él un manipulador, con lo educado que es?».

«¿Ella? Imposible. Si siempre está dispuesta a ayudar».

«Yo nunca he tenido problemas con él...».

Ese es el escudo del psicópata invisible. No el silencio, es el prestigio que se ha construido, su máscara.

Y sí, se cuidan mucho de su imagen. Pero no lo hacen por vanidad, sino por estrategia. Su fachada no es un capricho, es una inversión. Y tú, con tu buena fe, eres parte de su rentabilidad.

LO QUE APRENDIMOS SOBRE LOS PERFILES PSICOPÁTICOS:

El **psicópata impulsivo** se caracteriza por la falta de control emocional, lo que le lleva a tomar decisiones rápidas y destructivas. Este perfil es impredecible y suele causar conflictos inmediatos a su alrededor.

El **psicópata controlado** es el maestro de la manipulación silenciosa, usando su frialdad y meticulosidad para operar en las sombras, siempre con un plan a largo plazo. Este perfil es peligroso porque su control es sutil y difícil de detectar.

El **psicópata emocional** utiliza las emociones de los demás como su herramienta más poderosa. *Gaslighting*, victimización y creación de dependencias son sus tácticas principales. Este perfil busca siempre que los demás duden de sí mismos y dependan de él.

El **psicópata superviviente** sabe adaptarse y sacar ventaja de cualquier situación. Su habilidad para manipular entornos conflictivos y aprovechar crisis es lo que lo hace tan formidable.

> **El psicópata encubierto** es el más peligroso en su invisibilidad. Manipula a las personas sin que estas siquiera se den cuenta, creando un control absoluto a largo plazo sin mostrar jamás su verdadero rostro.

> **El psicópata narcisista** vive para ser el centro de atención. Necesita la validación constante de los demás, a costa de su autoestima y de la destrucción emocional de quienes le rodean.

> **El psicópata paranoico** ve el mundo como un lugar lleno de amenazas. Su desconfianza y miedo le llevan a manipular a los demás, generando caos a su alrededor mientras se protege a sí mismo.

No hace falta que te diga que cada uno de estos perfiles psicopáticos presenta un patrón único de comportamiento. Identificar sus tácticas y comprender sus motivaciones es crucial para protegerse. Al comprender cómo operan y qué los impulsa, podemos anticipar sus movimientos y evitar caer en sus trampas. La clave se encuentra en estar alerta, reconocer las señales y actuar antes de que logren su objetivo. Vale la pena intentarlo.

8. El psicópata clásico y el funcional: mismo motor, distinta carrocería

Vale la pena detenernos aquí unos minutos porque, durante décadas, la psicopatía fue territorio exclusivo de la clínica forense. Si uno quería estudiar a un psicópata, lo buscaba en la cárcel, en la sala de interrogatorios o —en el mejor de los casos— en un archivo de vídeo donde alguien, finalmente, se quitaba la máscara para contar al mundo cómo había matado, por qué lo había hecho y, casi siempre, por qué no le importaba.

Eso alimentó el mito del psicópata como depredador marginal, aislado, inadaptado. Un error de la evolución, un fallo del sistema, un caso extremo.

Pero como todo mito, era útil porque nos permitía colocar el mal *fuera*. A salvo. Muy lejos.

Y mientras tanto, los otros —los que no mataban, los que no aparecían en los noticiarios— seguían haciendo lo suyo silenciosa y eficazmente.

Hoy sabemos que no todos los psicópatas acaban en prisión. De hecho, la mayoría no lo hace. Algunos ni siquiera se acercan a la violencia física porque no la necesitan. Tienen herramientas más finas, más modernas y mucho menos escandalosas y, a menudo, mucho más devastadoras. Pero, sobre todo, también sabemos, y esto es importante, que el psicópata no es un enfermo clínico, el psicópata tiene un trastorno de la personalidad. Y, eso, es relevante tenerlo en cuenta.

Así pues, lo que diferencia a un psicópata funcional no es su capacidad para dañar, sino su capacidad para no parecer peligroso. Es más, su capacidad para parecer inofensivo.

Sin embargo, nada más lejos de la realidad, porque el psicópata sigue careciendo de empatía, sigue sin experimentar culpa, sigue siendo incapaz de conectar emocionalmente con el sufrimiento ajeno.

Pero ha aprendido herramientas muy importantes. El psicópata ha aprendido muy bien a observar, a imitar, a integrarse y, sobre todo, ha aprendido a hacerse invisible.

Llegados a este punto, tenemos por un lado al criminal. Él actúa por impulso, por necesidad o por pulsión. Y, por el otro, tenemos al funcional que actúa por cálculo.

El primero quiebra el sistema, el segundo lo utiliza.

Y esa es, probablemente, la diferencia más importante. El psicópata funcional no necesita romper reglas. Le basta con reinterpretarlas.

Hombres y mujeres: dos máscaras distintas

La psicopatía no tiene género, pero su manifestación sí varía según la cultura, el contexto y, por supuesto, la estrategia social de cada individuo.

Los hombres psicópatas funcionales suelen mostrarse como líderes naturales, visionarios, decididos, ambiciosos. Se presentan como tipos de acción, capaces de tomar decisiones duras «por el bien común», aunque en realidad solo estén protegiendo su beneficio personal.

Muchos ocupan cargos de poder, otros, simplemente, se colocan en el centro de sus pequeñas órbitas y se introducen en grupos de amigos, entornos laborales o relaciones sentimentales. Su perfil más reconocible es el del exitoso encantador, seguro de sí mismo, aparentemente justo, pero frío como el mármol cuando se le contradice o se le enfrenta.

Las mujeres psicópatas funcionales, por su parte, tienden a operar desde el plano emocional y relacional. Su manipulación rara vez es directa. Ellas prefieren los gestos ambiguos, los comentarios sutiles, la seducción implícita, el chantaje emocional.

Muchas veces no son vistas como agresoras, sino como víctimas brillantes, lo que las hace aún más difíciles de detectar. No necesitan alzar la voz, les basta con la culpa que instalan en el otro. No necesitan convencer porque les basta con insinuar. Y no necesitan atacar de frente, porque la agresión pasiva puede ser igual de letal si se dosifica con estilo.

¿Y qué tienen en común ambos perfiles?

La certeza —profunda, inamovible— de que las emociones ajenas son elementos que se pueden utilizar, pero no compartir. Y que la empatía, lejos de ser una debilidad, es un punto ciego que ellos saben usar a su favor.

¿Y SI TÚ TAMBIÉN TIENES ALGO DE ESO?

Llegados a este punto, quizá ya sientas la tentación de revisar tu historial personal. Y haces bien.

Porque otra de las razones por las que el psicópata integrado es tan eficaz es porque todos —sí, todos— compartimos en mayor o menor medida algunos rasgos que, en su versión extrema, forman parte del perfil psicopático.

¿Has sido alguna vez frío con alguien sin remordimiento?

¿Has manipulado sutilmente para conseguir algo?

¿Has mentido sin culpa porque «era lo mejor para todos»?

¿Has sentido que las emociones de los demás eran un obstáculo en lugar de una guía?

No te preocupes, eso no te convierte en un monstruo, te convierte en humano. La diferencia no está en tener esos impulsos, sino en no tener frenos. En vivir desde esa lógica, en no ver problema, en usar a las personas como piezas. En moverse en el mundo con una desconexión emocional permanente.

El psicópata funcional no se pregunta si ha hecho daño, no lo analiza. Lo hace, y punto. No se reprocha, no duda.

Y esa ausencia de fricción interna es lo que lo hace tan eficaz. Y tan peligroso. Porque mientras tú piensas si exageraste, si heriste, si debiste actuar de otra manera, él ya ha pasado página. O peor aún, ya ha escrito la siguiente, con tu nombre, probablemente, en el margen.

EL ATRACTIVO DEL LOBO

Voy a confesarte algo. A los psicópatas no solo los toleramos, muchas veces, hasta los admiramos. Nos fascinan, nos intrigan. Incluso, en ciertos entornos, los premiamos.

¿Nunca te has sorprendido diciendo «Es un cabrón, pero eficaz»?

¿O escuchando frases como «Tiene mano dura, pero consigue resultados»?

¿O justificando el carácter imposible de alguien porque «es brillante»?

La cultura del éxito, esa que nos vendieron envuelta en lemas motivacionales y gráficos de productividad, ha normalizado algunos rasgos psicopáticos hasta hacerlos deseables.

Mira cualquier biografía empresarial: frialdad estratégica, resistencia emocional, capacidad para asumir decisiones impopulares, desprecio por la norma si estorba, ego impermeable, carisma sin empatía... ¿Te suena? Pues eso.

El psicópata funcional no solo encaja. A veces, encarna el ideal. Y cuando alguien encarna lo que otros desean ser, se vuelve indiscutible, inatacable, incluso, atractivo. Porque encarna algo que todos, en mayor o menor medida, hemos querido, el poder sin culpa, el éxito sin lastres, o la libertad sin consecuencias.

Y sí, claro que hay formas éticas de triunfar. Pero no nos engañemos, hay algo en el lobo que nos tienta. Esa seguridad sin dudas, esa ausencia de heridas, ese aparente control del tablero.

Hasta que te muerde.

Cómo empieza todo

Nadie conoce a un psicópata funcional, invisible, el primer día. Conoces a alguien encantador, interesante, enérgico, inteligente. Alguien que, en poco tiempo, te hace sentir especial. Valorado. Elegido.

En el trabajo, será el mentor que te impulsa, y en una relación, el compañero perfecto. En política, el líder carismático que «por fin dice lo que todos pensamos».

Y ahí empieza todo. Con un refuerzo positivo, con una atención dosificada, con una percepción de cercanía que, con el tiempo, se convierte en dependencia.

El psicópata no necesita imponerse. Te va esculpiendo, te va guiando, te va modelando. Y lo hace con una habilidad que no es magia ni mucho menos. Es experiencia, intuición y práctica. Porque ha ensayado esto muchas veces, porque ha comprobado que las emociones humanas son puertas. Y él tiene todas las llaves.

No son genios, pero lo parecen

Otra gran mentira es la de pensar que los psicópatas son más inteligentes que el resto. No lo son, o no necesariamente.

Muchos de ellos tienen una inteligencia media, incluso inferior a veces —las menos.

Lo que los distingue no es el cociente intelectual, es la ausencia de ese ruido emocional del que vamos hablando. La claridad con la que se mueven, y la rapidez con la que deciden. La forma en la que eluden la culpa y se libran de la duda. La manera en que priorizan lo suyo sin temblores ni debates internos, sin lo que llamamos coloquialmente «remordimientos».

Y eso les da ventaja, y mucha. Porque mientras tú piensas en cómo afectará tu decisión al equipo, a tu pareja, a tu entorno... ellos ya han tomado la suya. Y han ganado tiempo; tiempo, poder y mucha ventaja.

Por lo tanto, no son genios, no son seres divinos ni superiores. Son eficientes, eso sí.

Y a menudo, con eso basta.

El final del principio

Si has llegado hasta aquí con una mezcla de curiosidad y ligera incomodidad, entonces estamos en el buen camino. Porque mi objetivo no es tranquilizarte, sino activarte.

El psicópata invisible no siempre hace daño intencionadamente. A veces solo pasa por tu vida y te hace más pequeña. Más insegura. Más confundida. Y tú ni siquiera sabes por qué. Pero no estás loca. Tampoco es que seas débil, ni tan siquiera insuficiente. Es que diste con alguien que no tiene los mismos frenos que tú, y lo confundiste con admiración, o con amor, o con autoridad.

En el siguiente capítulo nos meteremos directamente en su cabeza. En sus motivaciones. En lo que realmente buscan.

Y créeme: no es lo que piensas.

9. Dentro de la mente del lobo

Hay preguntas que parecen tener dos respuestas posibles, pero en realidad solo tienen una que no queremos aceptar. ¿Nacen o se hacen los psicópatas? Esa es una de ellas.

Durante años, la discusión llenó libros, aulas, sobremesas. ¿Es la infancia lo que los vuelve insensibles? ¿Un trauma? ¿Un abandono? ¿O es el cerebro, la genética, la biología pura la que decide que alguien crecerá sin la capacidad de empatizar con el sufrimiento de los demás?

Te diré lo que pienso, después de estudiar decenas de casos, leer a los mejores y escuchar a los peores, los psicópatas no nacen con una infancia difícil. Nacen con algo que no funciona igual. Y después, la vida hace lo suyo. A veces lo suaviza, a veces lo disimula y, otras veces, lo empeora. Pero la semilla ya estaba ahí.

Un niño con rasgos psicopáticos no es un niño enfadado. Tampoco es un niño hiperactivo, ni es un niño «difícil». Es un niño que no siente culpa, que miente con naturalidad, que no reacciona al dolor de las demás personas de su entorno. Es un niño que repite conductas dañinas sin pestañear. Y no lo hace por venganza, ni por defensa, ni siquiera por rebeldía. Lo hace porque no le afecta, porque no lo ve. Porque no hay conexión.

Esto no significa que todos los niños fríos vayan a ser psicópatas, ni que toda persona sin empatía haya nacido defectuosa.

No. Pero sí significa que hay un perfil neurológico que predispone, que marca y que preconfigura una forma distinta de estar en el mundo.

No sienten como tú, no se emocionan como tú y, desde luego, no sufren como tú. Y eso, créeme, no los hace más débiles. Los hace más peligrosos.

Hay un concepto en neurociencia que se llama «hiporreactividad emocional». Es técnico, sí, pero sencillo de entender. Significa que su cerebro no se activa igual ante estímulos que, para ti o para mí, serían intensos. Un grito, una escena de violencia, un llanto... en su cabeza apenas generan eco. No hay alarma, no hay rastro alguno de incomodidad. No hay conexión. Solo datos, solo hechos.

No reaccionan porque no sienten que deban hacerlo.

¿Y qué pasa cuando un cerebro así crece en un entorno que, además, lo premia por ser brillante, por ser eficaz, por ser frío en las decisiones? Exacto, ahí tenemos el cóctel perfecto. Un psicópata funcional en construcción.

Si ese entorno, en cambio, pone límites claros, valores firmes y consecuencias reales, es posible que esa personalidad se moldee en algo más funcional, menos dañino, incluso socialmente aceptable. Pero el cableado está ahí. Y si algún día salta la chispa —una pérdida, un fracaso, un rechazo, un límite— el sistema vuelve a su modo de fábrica. Y entonces, lo que parecía un tipo frío pero competente se convierte en lo que realmente es, un lobo con corbata, o con vestido, o con bata de médico, o con toga, o con una sonrisa de esas que enamoran.

La idea de que todos nacemos iguales es reconfortante. Pero es falsa. Hay cerebros que nacen sin empatía. Y no, no es una maldición ni una enfermedad. Se trata de una condición. Y como toda condición, se puede gestionar, o se puede negar hasta que explota. Y, créeme, antes o después, explotará.

A los padres, a los profesores, a los terapeutas, esta verdad les cuesta. Porque esta verdad implica aceptar que no todo puede curarse con amor, con paciencia o con abrazos. Algunos niños no aprenden por afecto, aprenden por cálculo, por supervivencia, por observación. Pero no por conexión emocional. Porque no tienen ese canal. Y, sin embargo, se adaptan, se mimetizan con el entorno y, con los años, perfeccionan el camuflaje.

Por eso, cuando alguien me pregunta cómo detectar a un psicópata en el entorno laboral o personal, no le digo que observe si grita, si amenaza, si insulta. Le digo que observe si se emociona cuando debe, si se arrepiente sin que le convenga, si actúa sin estar siendo observado, si puede mantener el poder sin necesidad de recordarte que lo tiene. Porque eso, en realidad, es lo que les delata, su incapacidad para sentir sin estrategia.

Por tanto ¿Los psicópatas nacen o se hacen?

Nacen distintos. Y después, hacen con eso lo que pueden.

O lo que quieren.

O lo que les conviene.

Pero no son como tú, nunca lo fueron. Solo aprendieron a parecerlo.

10. El impacto de la psicopatía en las sociedades tradicionales

La psicopatía no siempre ha sido lo que conocemos hoy, con diagnósticos y teorías clínicas. En sociedades más primitivas, el psicópata simplemente era alguien que no encajaba, alguien que causaba problemas y que, al final, era una amenaza. Lo curioso es que esas mismas sociedades, sin saberlo, trataban con individuos que, si los pusiéramos en el contexto moderno, serían fácilmente identificables como psicópatas. El problema es que no teníamos las herramientas ni los conocimientos para etiquetarlos, pero los efectos de su presencia eran muy claros.

Si miramos hacia atrás, a las comunidades más simples, los psicópatas no eran necesariamente un caso perdido. Algunos incluso podían ascender a posiciones de poder. En esos tiempos, donde las jerarquías eran menos formales y las normas más flexibles, los líderes nacían de una habilidad de manipulación que, lejos de ser vista como un defecto, era percibida casi como una virtud.

El psicópata en las tribus y culturas primitivas

Pongámonos en una tribu, de un pueblo pequeño, donde todo el mundo se conoce. Aquí, un individuo con rasgos psicopáticos no era alguien que simplemente iba a ser ignorado. No. Este tipo de persona tenía que ser observada, y si sus características se desbordaban, podía ser expulsado. Pero si, en cambio, este individuo tenía lo que hacía falta para ser un líder —aquella mezcla de carisma, falta de escrúpulos y una habilidad para manipular a su gente sin que se diera cuenta—, podía lograr mucho.

Un psicópata en una sociedad tribal podía ascender al poder de una manera más eficaz que alguien que tuviera una verdadera preocupación por el bienestar de los demás. No estamos hablando de personas «malas» desde su perspectiva, sino de individuos que, como tantas veces pasa hoy en día, sabían lo que tenían que hacer para ganar el control. Estos líderes no veían el daño que causaban, al contrario, sus acciones eran herramientas para alcanzar su objetivo. En un sistema social que valoraba la obediencia, el control y la resistencia, ¿qué mejor que alguien que no se veía afectado por la moralidad convencional?

En sociedades donde el poder era escaso y la lucha por la supervivencia era real, los psicópatas podían convertirse en una figura útil, pero peligrosa —eso siempre.

Imagina que eres un líder tribal. El psicópata podría ser tu mano derecha, el que te ayuda a controlar, a manipular y a mantener el orden. Después, si ya no te sirve o empieza a jugar su propio juego, entonces el riesgo es real. Porque se trata de un golpe de poder que puede poner en peligro a todo el grupo.

PSICOPATÍA EN SOCIEDADES MÁS JERÁRQUICAS

Sin embargo, la historia también nos ha mostrado otro tipo de escenario, el de las sociedades más grandes, más organizadas y jerarquizadas. Los imperios, los reinos, las grandes monarquías del pasado. Aquí, el psicópata no solo tenía el espacio para moverse, sino que las estructuras mismas le daban un terreno perfecto para crecer. ¿Quién mejor que alguien sin remordimientos, con una mente afilada para manipular, para subir a la cima en un imperio? La historia está llena de personajes como esos, y la mayoría no los reconocía como tales, porque no les poníamos nombres como «psicópatas», sino «líderes implacables» o «emperadores sabios».

En el contexto romano, por ejemplo, figuras como Calígula o Nerón son ejemplos claros. Nadie de sus súbditos pensaba que su falta de empatía o su brutalidad eran una enfermedad o un trastorno. Se trataba de poder, puro y simple.

Estas figuras históricas, aunque extremas, muestran cómo un psicópata puede subir y mantenerse en el poder, incluso cuando sus actos son horrendos. Y no es que la gente no viera lo que sucedía, es que, en muchos casos, preferían no verlo, porque cuestionar a un líder era un pecado, o, peor aún, era riesgo de muerte.

Lo interesante de todo esto es que, aunque la psicopatía podía ser útil para estos sistemas sociales, en algún punto, los psicópatas en esas sociedades terminaban siendo un problema. ¿Por qué? Porque el abuso de poder, el control excesivo y la falta de empatía, aunque permitían llegar lejos, también empezaban a crear caos. En comunidades más pequeñas, la justicia podía ser más inmediata: el psicópata era marginado, exiliado o incluso ejecutado. En sociedades más grandes, el control no era tan directo, y el psicópata podía seguir adelante, pero siempre con un riesgo latente de derrapar.

Las lecciones de la historia nos muestran cómo el poder, cuando cae en manos de los que carecen de cualquier tipo de moral o consideración por los demás, se vuelve más peligroso y difícil de controlar. Los psicópatas, en una sociedad donde el respeto hacia la autoridad se sobrepone al sentido común, pueden ser una amenaza que solo se reconoce cuando ya es demasiado tarde.

11. El cerebro que no siente como el tuyo

A veces me preguntan si el psicópata sabe que lo es. Como si se tratara de una confesión íntima, de esas que uno se hace frente al espejo ¿Sabrá que no siente como los demás? ¿Será consciente de su falta de empatía? La respuesta es tan sencilla como incómoda. No, no lo siente, pero lo nota. Porque el mundo emocional de los otros le resulta ajeno. No incomprensible, sino innecesario.

El cerebro de un psicópata no está averiado, no tiene cortocircuitos. Funciona. A su manera, sí, pero funciona con una lógica fría, ajena al remordimiento, impermeable al sufrimiento ajeno.

Y cuando digo que funciona distinto, no lo digo como metáfora, lo digo literalmente. La neurociencia lleva años observando patrones cerebrales en individuos con altos niveles de psicopatía y la conclusión es clara, ciertas áreas del cerebro, las que procesan las emociones básicas (como el miedo, la culpa, la compasión), no se activan igual.

En concreto, estructuras como la amígdala —no la de la garganta, la otra, la cerebral— presentan una actividad reducida ante estímulos emocionales. ¿Qué significa esto? Que donde tú ves a alguien llorar y te estremeces, él lo interpreta como un dato más. Que donde tú sientes angustia, él registra una oportunidad. Que el dolor ajeno no le remueve, más bien le orienta.

A esto se suma una alteración funcional en el corte prefrontal, la zona que regula el juicio moral, la toma de decisiones complejas y el control de impulsos. Algunos estudios indican que en el psicópata esa área está menos conectada con las regiones emocionales. Es decir, decide sin sentir y actúa sin dudar. Se autorregula con criterios que no incluyen a los demás.

Ahora imagina lo que eso implica. Un individuo que no experimenta remordimiento, que no siente culpa, que no se ve a sí mismo como un agresor, sino como un jugador más. Y, como todo buen jugador, va a donde puede ganar.

Esto no lo convierte en un genio del crimen, lo convierte en un ser humano con un tipo de procesamiento radicalmente distinto. Más instrumental y mucho más práctico. Menos humano, si me permites la osadía.

Claro que puede llorar, claro que puede pedir perdón, claro que puede regalarte flores. Pero no lo hace desde el sentimiento, lo hace desde la estrategia.

Su *modus operandi* será más o menos así: te observará, aprenderá cómo reacciona el resto, memorizará todos los gestos, las frases, las pausas. Ensayará, calculará, y después ejecutará. Y si alguna vez le pillas, si alguna vez te das cuenta, su reacción no será de vergüenza, sino de molestia. Porque no siente que haya hecho algo mal, solo algo mal ejecutado.

Esa frialdad es lo que más desconcierta a las víctimas. Porque esperaban al menos un temblor, un balbuceo, una grieta. Pero no. Hay serenidad, hay firmeza. Y hay una lógica que excluye todo lo que tú das por sentado: el amor, la pena, la reciprocidad, el perdón.

Una persona con un funcionamiento psicopático no tiene interés en el perdón, porque no reconoce el daño como algo relevante. Si te pide disculpas, es porque le conviene, no porque le remuerda, no porque te comprenda. Sino porque necesita que el escenario siga en pie.

Por el contrario, y como nunca sienten la culpa, y tampoco ven el daño causado, si algo sale mal, te exigirán que seas tú quien pida perdón. Incluso, te castigarán con la ley del silencio el tiempo que haga falta —y esto, créeme, pueden ser días, incluso, meses—, hasta que, agotada, te verás rogando su perdón.

Esto no significa que todos los psicópatas sean iguales. Los hay meticulosos, histriónicos, retraídos, incluso brillantes. Pero comparten ese mismo núcleo duro, la incapacidad para conectar emocionalmente con el otro. No es que no puedan, es que simplemente no lo consideran necesario. Y eso, por cierto, les da ventaja en muchos entornos.

En el mundo empresarial, por ejemplo, donde se premia la toma de decisiones rápidas, la resistencia a la presión y la capacidad de no involucrarse emocionalmente, un cerebro así puede ascender sin dificultad. En política, donde la imagen vale más que el compromiso, lo mismo. En relaciones personales, ese desapego les permite abandonar vínculos sin lastre. Y si el otro sufre, ya encontrará a alguien más que lo consuele. Ellos, desde luego, no.

¿Y cómo reacciona este tipo de mente ante la crítica? Con frialdad, o con burla, o puede que con un contraataque quirúrgico. Porque la crítica solo es ruido, es un obstáculo más que esquivar. No afecta a su autoestima, y no la cuestiona. No les quiebra por dentro, solo les incomoda, porque retrasa su agenda.

Lo más inquietante es que muchos de ellos saben perfectamente cómo deberían sentirse. Saben exactamente cuál sería la reacción empática esperada. Y es entonces cuando la interpretan, te la muestran como un gesto ensayado. Tú ves la lágrima, lo que no ves es que está vacía.

Una lágrima no prueba nada.

Un discurso, tampoco.

Y aquí es donde entra la verdadera dificultad de convivir con estas personas. No puedes juzgarlas por lo que dicen o hacen. Solo puedes juzgarlas por lo que repiten, por lo que nunca sienten, por lo que no entienden aunque lo vean todos los días.

Hay una escena que se repite en muchas de sus relaciones personales: la pareja, la amiga, el hermano, el socio, se derrumba después de un largo desgaste. Y espera, aún, una palabra que lo consuele, esa frase que cierre la herida, algo humano. Pero no llega. Eso nunca llega. Y no es porque no puedan decirlo —poder pueden—, es porque no entienden para qué.

El cerebro del psicópata es funcional, pero está desconectado emocionalmente del resto. Lo hemos visto ya en los perfiles, no lo hacen por maldad, sino por estructura. No porque odien, sino porque no les importa, no hay vibración. No hay eco.

Y es esa ausencia de eco lo que lo convierte en una amenaza silenciosa. Porque cuando tú hablas con él, crees estar en diálogo. Pero no estás hablando con una persona que siente como tú, estás hablando con alguien que te estudia. Y, mientras tú explicas, él decide si le sirves.

Lo que realmente buscan (y no es lo que crees)

Si preguntas en voz alta qué busca un psicópata, lo más probable es que alguien responda: el poder, dinero, sexo. Los clásicos. Los grandes motivadores, los que rellenan biografías, novelas y titulares a diario.

Y sí, es cierto que muchos de ellos se mueven en esas esferas, pero no porque las deseen como tú o como yo. No buscan el poder para transformar, ni el dinero para vivir mejor, ni el sexo como vía de conexión. Lo buscan porque son instrumentos, porque cada uno de esos elementos les ofrece algo mucho más profundo. Les ofrece el control. Ese es su verdadero motor.

El psicópata invisible no quiere cosas. Quiere dominar situaciones, quiere mover piezas, quiere que el escenario responda a su voluntad, sin tener que forzarlo de forma burda. Quiere que el otro actúe, decida, incluso ame, creyendo que lo ha hecho libremente. Porque ahí reside su victoria, en tu ignorancia.

No le interesa una cuenta corriente inflada si no puede usarla para provocar algo en los demás. No necesita una pareja si no hay juego, si no hay sumisión emocional. No quiere un cargo si no incluye el privilegio de mover a otros como si fueran extensiones de su voluntad.

Y si te fijas, ese patrón se repite, porque todo lo que tocan lo convierten en tablero. En ese tablero no hay reglas fijas, solo piezas útiles. Algunas avanzan, otras retroceden. Algunas se sacrifican, y otras se colocan en el centro para brillar... hasta que dejan de servir.

Y cuando eso ocurre, el psicópata no duda, no mira atrás, no explica. Cambia la estrategia. Punto. Porque su lealtad nunca fue contigo. Fue con el control.

Quizá ahora entiendas por qué tantos testimonios de víctimas incluyen frases como «De un día para otro, cambió». «No le reconocía». «Me borró sin razón aparente».

Y es que la razón estaba clara, ya no le eras útil.

Y si algo no es útil, se retira. Sin pena, sin duda y sin dramatismo.

El control es su brújula. Lo que tú sientas, lo que tú creas, lo que tú digas, solo es relevante si afecta al movimiento de la partida. Si no, es ruido.

Esto no significa que todos los psicópatas integrados estén obsesionados con gobernar el mundo o dirigir empresas. Algunos son discretos, otros trabajan en silencio. Pero todos —absolutamente todos— quieren tener el control de su entorno más cercano. Emocional, relacional, laboral, familiar.

Por eso te invaden, por eso se adelantan, y por eso te observan. Porque necesitan saber por dónde entras tú, para decidir por dónde vas a salir.

Un psicópata funcional puede vivir años sin levantar sospechas, hasta que alguien se rebela, o hasta que una variable le descoloca. Entonces, la fachada se agrieta. No por exceso de emoción, sino por exceso de cálculo. Porque su necesidad de control choca con algo que no había previsto, y eso le irrita, le descompone. Le expone.

Ahí es donde aparecen los episodios más visibles; rupturas inexplicables, despidos abruptos, decisiones empresariales crueles, venganzas perfectamente diseñadas. No es que el psicópata pierda el control, es que ya no puede mantener la ilusión de que lo tenía todo bajo control. Y eso, para él, es intolerable.

Lo que busca el psicópata funcional, en el fondo, no es poder, es estabilidad en el dominio. Un escenario que pueda manejar sin sorpresas, donde las personas cumplan el rol que él ha asignado y donde todo, incluso el afecto, se convierta en una herramienta de gestión.

No es casual que muchos psicópatas terminen obsesionados con «el orden». Con que todo esté «bien hecho», con que «las cosas funcionen». Porque en el fondo, necesitan un entorno que no les contradiga, que no les saque del juego, que no les haga sentir… vulnerables. Esa es su verdadera debilidad, la vulnerabilidad. Y no porque la vivan, sino porque la detectan como una amenaza, como una fuga que podría volverlos humanos, y eso no lo soportan.

El psicópata funcional necesita que todo esté bajo control porque él mismo está al borde de la desconexión constante. No puede confiar en nadie, no puede establecer vínculos reales, y no puede permitirse el lujo de vacilar. Si lo hiciera, dejaría de ser quien es. Y entonces sí, se convertiría en lo que más desprecia, se convertiría en una persona que siente.

Por eso repiten patrones, por eso te manipulan, por eso mienten sin pestañear. Porque la coherencia emocional no es su territorio. Su lenguaje es otro. Su lenguaje es la eficacia, la gestión, el control. Si eres útil, te mantendrá cerca. Si eres obediente, te recompensará. Si cuestionas, te desactivará. Y si escapas, solo intentará recuperarte si eso le devuelve la ventaja.

No hay nostalgia, no hay amor. Hay necesidad de no perder. Y eso es lo que realmente buscan.

12. Cuando el psicópata es una leyenda viva

Pensemos en nuestra vida cotidiana. En los ídolos que seguimos, en las personas cuya palabra pesa más que los hechos, en las figuras que admiramos incluso cuando sabemos —o intuimos— que algo no encaja. A veces, el psicópata no se oculta en la sombra ni actúa en secreto. A veces, el psicópata es una leyenda viva. Un nombre que despierta reverencia, un rostro que provoca nostalgia, una trayectoria que parece intocable. Y precisamente por eso, su impunidad es aún mayor.

Un psicópata invisible puede hacer mucho daño. Pero un psicópata venerado es directamente intocable. Se ha ganado el derecho a no ser cuestionado. Se le perdona el egocentrismo, se le justifica el abuso, se le reescriben los errores como «excesos de genialidad» o «momentos oscuros». La leyenda, en estos casos, no tapa el delito, lo blanquea.

La adoración como escudo

No es raro que detrás de ciertas figuras legendarias encontremos patrones de conducta que, en cualquier otro contexto, serían catalogados como inadmisibles. Pero el carisma, el talento, el impacto social o cultural, los convierten en sagrados. Y nadie se atreve a tocar a un santo. La sociedad, que en otros casos exige castigo o reparación, se transforma en cómplice pasivo. ¿Por qué? Porque necesitamos creer en ellos. Nos gusta tener ídolos. Nos hace sentir que lo extraordinario es posible.

Un actor adorado que maltrata sistemáticamente a sus parejas, un escritor célebre que humilla a sus subordinados, un cantante mítico con un historial de relaciones abusivas, o un deportista que cree que el mundo gira a su alrededor. No hablo solo de arrogancia o narcisismo, hablo de patrones de crueldad emocional sostenida, de desprecio por el otro, de uso sistemático del poder para satisfacer deseos sin importar el coste. Y sin embargo, mientras venden entradas, ganan premios o generan titulares, nadie pone el foco donde duele.

Muchas personas que han sufrido bajo el influjo de estas leyendas vivas guardan silencio. Algunas por miedo, y otras, por vergüenza. Muchas más, por una extraña mezcla de culpa y admiración. «Quizá fue mi culpa por no saber gestionar esa relación», «Yo también le admiraba», «No quería arruinar su carrera»… Es un fenómeno complejo. Porque quien denuncia a un monstruo invisible, se encuentra con incredulidad, pero quien denuncia a un mito viviente, recibe odio.

El escándalo solo estalla cuando hay pruebas incontestables. Pero incluso entonces, la maquinaria de la narrativa heroica se pone en marcha. «Tuvo una infancia difícil», «El sistema lo empujó a actuar así», «Hay que separar la obra del autor». Y así, el daño se vuelve anecdótico. El trauma ajeno se minimiza, y el mito sigue su camino, con apenas un rasguño.

En esta era donde la cultura de la cancelación parece omnipresente, sorprende ver cómo ciertos personajes son inmunes. No importa cuántas pruebas se acumulen, cuántos testimonios aparezcan, cuántas personas confirmen el patrón, hay figuras que nunca caen del pedestal. La explicación está en el relato. Han construido una historia tan poderosa —de superación, de rebeldía, de genialidad, de épica— que cualquier crítica parece un ataque a la esperanza misma.

¿Quién se atreve a señalar a quien nos inspiró? ¿Quién puede juzgar a quien nos salvó con sus palabras, sus canciones, sus gestos? Y así, confundimos legado con inmunidad. Confundimos admiración con impunidad.

Muchos de estos personajes no solo cuentan con una base de seguidores fieles, además tienen detrás una industria entera que los sostiene: productores, marcas, medios, abogados, publicistas. La leyenda se convierte en un negocio. Y el negocio no permite fisuras. Cuando se filtran comportamientos abusivos, la respuesta es inmediata, negar, relativizar, silenciar. Y si todo falla, se lanza una campaña de redención: una entrevista lacrimógena, una donación estratégica, una aparición humilde.

El psicópata carismático sabe moverse en ese terreno. Sabe qué decir, cómo mirar, cuándo pedir perdón sin asumir culpa. Ha aprendido que la emoción bien dosificada puede tapar cualquier verdad incómoda. Y lo más peligroso, sabe que el público está dispuesto a perdonar si el espectáculo sigue siendo bueno.

Sin embargo, hay un aspecto aún más perverso. Muchas personas crecieron con estas figuras. Las asociaron a momentos importantes, a vínculos afectivos, a etapas de su vida. Atacar al mito, entonces, es casi como atacar a su propio pasado. Y eso genera una resistencia emocional brutal. Porque nadie quiere asumir que su ídolo era un depredador, porque nadie quiere sentir que fue engañado. Así, el trauma ajeno queda sepultado bajo la nostalgia colectiva.

Y quienes intentan contar la verdad se enfrentan no solo al poder del mito, sino a la hostilidad de quienes lo veneran. El psicópata convertido en leyenda ya no necesita defenderse, porque lo hacen millones por él.

El culto a la genialidad como coartada

Una de las coartadas más efectivas del psicópata legendario es su genialidad. Cuanto más brillante es en lo suyo, más margen se le da. «Es que es así porque es un genio», «Hay que aguantarle porque nadie crea como él», «Su mente funciona de otro modo». Y así, se normalizan conductas aberrantes. Se convierten en parte del paquete, como si para ser brillante hubiera que ser cruel, como si el talento fuera un salvoconducto ético.

La historia está llena de artistas, líderes, empresarios y científicos que acumularon méritos a la vez que destruían vidas a su paso. Pero mientras el resultado deslumbre, nadie pregunta por los métodos, porque el daño colateral se convierte en detalle técnico. Y eso es profundamente inhumano.

Finalmente, ¿cómo se desmonta una leyenda sin destruirnos por dentro?

No se trata de destruir ídolos por deporte. Se trata de mirarlos con la misma lupa que al resto. Se trata de dejar de justificar lo injustificable solo porque quien lo hace nos hizo soñar. Porque incluso los mitos deben rendir cuentas, porque incluso los genios deben respetar límites.

Y porque solo cuando dejamos de idealizar, podemos empezar a protegernos. No del talento, ni del carisma, ni de la historia, sino de la impunidad que permite que un psicópata se esconda tras un aplauso eterno.

Ahora bien, ¿cuántos de tus ídolos se parecen más a un personaje de ficción que a una persona real? ¿Y cuántos de ellos —si los conocieras en la intimidad— te producirían escalofríos? Lo que no vemos, a veces, es lo que más poder tiene. Y lo que no nos atrevemos a nombrar, es lo que más nos domina.

Nos fascinan. No hay otra palabra. A veces nos repugnan, pero no apartamos la mirada. A veces nos horrorizan, pero los convertimos en memes. Los psicópatas han logrado lo que muy pocos humanos logran en vida, ser personajes, ser concepto. Ser etiqueta, mito, titular. Se convierten en una especie de espejo oscuro que nos obliga a enfrentarnos a nuestras propias sombras. ¿Por qué nos obsesionan? ¿Por qué los convertimos en protagonistas?

La cultura popular ha hecho de ellos un icono. Y no porque los admiremos —o eso decimos—, sino porque nos resultan funcionales. El psicópata encaja en casi cualquier narrativa. Es el jefe odioso, el político corrupto, el ex que nos destruyó, el asesino del *true crime*, o el personaje favorito de la serie. Lo usamos como comodín emocional, como etiqueta explicativa de todo lo que no entendemos. Nos tranquiliza pensar que hay monstruos, porque así todo lo demás tiene más sentido. Así todo lo que nos ha herido encaja en un molde y podemos, al menos, ponerle nombre.

Pero ese molde es peligroso. Porque al simplificarlo, al convertirlo en cliché, dejamos de verlo cuando se presenta sin disfraz. Cuando no es asesino ni criminal, cuando sonríe, paga impuestos, va al trabajo, cuida a sus hijos y habla con frases de Paulo Coelho. Ahí se nos escapa.

Los mitos nos ciegan. Y los psicópatas invisibles lo saben.

Pensemos en nuestra vida cotidiana. ¿Cuántas veces hemos dudado de alguien, pero no hemos sabido justificarlo? ¿Cuántas veces nos ha perturbado una persona por su falta de emociones, por su forma de mirar sin mirar, por cómo manipula y sale impune... y sin embargo nos han tachado de exagerados, de paranoicos, de sensibles? Ahí está el éxito de la leyenda, que mientras todos buscan al monstruo de película, el verdadero depredador se cuela en nuestras casas, en nuestras camas, en nuestras decisiones.

El psicópata invisible no necesita fama, y tampoco necesita titulares. Le basta con pasar desapercibido. O mejor aún, con ser aplaudido. Y mientras lo convertimos en personaje de ficción, él sigue operando en la realidad con absoluta libertad.

Finalmente, lo que nos cuesta aceptar es que no son especiales, que no son genios del mal ni cerebros privilegiados. Son oportunistas fríos, con una falta estructural de empatía, que simplemente se adaptan mejor al sistema que hemos construido. Un sistema que premia la apariencia, la ambición sin freno, la falta de escrúpulos. Y mientras sigamos alimentando la leyenda, seguirán encontrando un cómodo lugar en nuestras vidas.

Volvamos a la realidad. No a la de los titulares ni a la de las películas que amortiguan el horror con filtros estéticos. Hablemos de los que caminaron entre nosotros y no dejaron solo un reguero de víctimas, sino una herencia ideológica o cultural que sigue viva. Algunos fueron elevados a la categoría de dioses, otros temidos como demonios, pero todos comparten algo esencial, porque todos fueron psicópatas funcionales que moldearon el mundo a su imagen. Y cuando el mundo se parece demasiado a ellos, es difícil identificar al monstruo.

PSICÓPATAS CON ESTATUA
(LOS QUE AÚN RECIBEN FLORES)

La historia es injusta por naturaleza. A veces absuelve con el tiempo, y otras, entierra con honores a quien nunca debió haber salido de la oscuridad. Hay psicópatas que, siglos después de su muerte, siguen siendo venerados ¿Cómo se explica que haya plazas, colegios y avenidas con sus nombres?

Ahí está Iván el Terrible, zar de Rusia en el siglo XVI, cuya paranoia era tan legendaria como su sadismo. Mató a su propio hijo en un ataque de furia, exterminó a ciudades enteras y creó una policía secreta que sembró el terror. Y, sin embargo, en Rusia hay quienes aún lo consideran un héroe nacional por haber centralizado el poder y defendido el país de sus enemigos. El monstruo con corona que justifica su crueldad como método de orden.

Otro caso paradigmático es el del emperador romano Calígula. Su biografía es una cadena interminable de abusos, humillaciones, asesinatos impulsivos y juegos de poder tan sádicos como absurdos. Se rumorea que nombró cónsul a su caballo. Si bien, lo más inquietante no es eso, sino que la figura de Calígula sigue fascinando. Hay libros, películas y representaciones teatrales que lo convierten en un ícono pop de la transgresión, como si todo su sadismo fuera solo excentricidad.

PSICÓPATAS SIN CASTIGO (PODER DE LA IMPUNIDAD)

En otras ocasiones, el psicópata no necesita ser un gran líder para sembrar el caos. Basta con que ocupe el lugar justo en el momento adecuado. Pensemos en Reinhard Heydrich, arquitecto del Holocausto, el «hombre de hielo» de las SS. Heydrich era frío, metódico, absolutamente carente de empatía. Se sentaba en una mesa a planificar deportaciones y exterminios con la misma calma con la que alguien elige un menú. Fue asesinado por la resistencia checa en 1942, pero su legado de horror sobrevivió, incrustado en la maquinaria nazi que él ayudó a perfeccionar.

Y luego están los que jamás fueron juzgados, los que murieron en la cama. Por ejemplo, Idi Amin, dictador ugandés, responsable de decenas de miles de asesinatos, torturas y desapariciones, vivió sus últimos años exiliado en Arabia Saudí. Tenía guardaespaldas, servicio doméstico y televisión por cable. Nunca mostró remordimiento. Su respuesta cuando le preguntaron por los crímenes «Todo lo hice por amor a mi pueblo».

Así piensan muchos psicópatas con poder. Lo que hacen es necesario, inevitable, incluso beneficioso. Están convencidos de que su visión del mundo es la única correcta. Y como no sienten culpa, pueden decirlo con una serenidad que desarma. No gritan, no pierden los papeles, solo te explican por qué tenían que matar.

PSICÓPATAS POPULARES (EL PELIGRO DEL CARISMA)

Uno de los disfraces más eficaces del psicópata es el carisma. Esa capacidad innata de seducir, de manipular, de inspirar.

Adolf Hitler no fue el único líder genocida del siglo XX, pero sí uno de los más hábiles comunicadores. Usó el lenguaje como un arma, la puesta en escena como hipnosis colectiva. Se mostraba vulnerable, patriota, sensible a las emociones del pueblo y, sin embargo, detrás de ese disfraz, operaba una mente fría, desconectada de toda humanidad, que diseñaba campos de concentración y justificaba la aniquilación de millones con argumentos pseudocientíficos.

No es el único, desde luego. Políticos, empresarios, gurús, artistas... muchos de ellos han logrado imponer su visión del mundo gracias a esa cualidad tan engañosa: caer bien. En realidad, lo que hacen es detectar con precisión milimétrica lo que el otro necesita oír. El psicópata con carisma no improvisa, calcula. Sabe cuándo llorar, cuándo reír, cuándo tocarte el hombro. Y tú no te das cuenta hasta que ya estás dentro de su juego.

El psicópata adorable (de la pantalla a tu salón)

Hay otra clase de psicópata real que asusta todavía más. El que no mató a nadie, pero destruyó vidas enteras con sonrisas y discursos motivadores. Los que crean empresas donde explotan a sus trabajadores sin pestañear, los que humillan en público a su pareja mientras la hacen sentir culpable, los que utilizan los medios de comunicación para moldear la opinión pública con mentiras. El psicópata no necesita un cuchillo, porque le basta con una cámara, un micrófono y un buen guion.

Algunos llegaron a convertirse en celebridades. Charles Manson, por ejemplo, no mató directamente, pero convenció a otros para hacerlo por él. Se vendió como un líder espiritual, un rebelde, un iluminado. Años después, aún hay quien lo considera una figura «incomprendida».

Incluso en el mundo de los negocios hay ejemplos escalofriantes. Elizabeth Holmes, la fundadora de Theranos, prometió revolucionar la medicina. Su empresa era una farsa. Engañó a inversores, a médicos, a medios de comunicación. Y lo hizo sin despeinarse, con su discurso perfecto y la mirada firme. ¿Qué la delataba? Nada. Porque el disfraz funcionaba.

¿Por qué los mitificamos?

Puede ser que nos atraigan los monstruos. Por supuesto, no lo decimos en voz alta, pero es así. Hay algo fascinante en el psicópata, sobre todo cuando no es tu vecino, sino un personaje histórico o televisivo. Nos gusta analizar su mente, diseccionar sus gestos, buscar las claves de su poder. Eso nos hace sentir seguros. Mientras lo estudiamos, creemos que tenemos el control. Pero no lo tenemos.

La mitificación del psicópata tiene que ver también con la necesidad de creer en líderes fuertes, en figuras que nos saquen del caos. Y si ese líder pisa a los demás por el camino, a veces lo justificamos. «Al menos toma decisiones», «Dice lo que piensa», «No se deja manipular». El psicópata se convierte así en una especie de héroe oscuro que encarna lo que muchos desearían ser: invulnerable, frío, triunfador. Aunque cueste vidas. Porque las cuesta.

La leyenda vive porque aún hay quien la necesita

Finalmente, hay algo más que debemos aceptar, y es que el psicópata no es solo una figura del pasado. Su herencia sigue presente porque hay estructuras que lo permiten, y personas que lo alimentan. Mientras la sociedad premie el éxito por encima de la empatía, mientras se confunda liderazgo con dominio, y autenticidad con crueldad, los psicópatas seguirán teniendo espacio. Y no solo eso, seguirán siendo aplaudidos.

No es casual —y puedes comprobarlo—, que muchos de ellos acaben como referentes. Algunos tienen su documental en Netflix, otros, una biografía que los redime. Se escriben artículos sobre su infancia difícil, sobre su inteligencia prodigiosa, sobre cómo fueron víctimas de una época, o de una familia. La narrativa los suaviza. Y entonces ya no son psicópatas. Entonces resulta que son personajes fascinantes.

Pero no debemos olvidar quiénes fueron, ni tampoco lo que hicieron, ni que hay muchos como ellos esperando su oportunidad. La leyenda no es un cuento, es un espejo. Y con eso hay que tener mucho cuidado.

Y tú, ¿cuántas veces has aplaudido sin darte cuenta?

PARTE II.
DORMIR CON EL ENEMIGO

13. Amores peligrosos

Voy a retomar una parte de la historia del caníbal que te comenté en la introducción de este libro. Y es que no la olvido. No por morbosa, ni siquiera por extraña, que lo es. La recuerdo porque, después de escucharla, me di cuenta de que algunas ideas sobre el amor, la entrega, el consentimiento y la locura estaban mal construidas. Empezando por las mías.

El día que conocí a Hans estaba agotada. Tenía las manos llenas de notas, los ojos resecos de tanto leer declaraciones judiciales, y ese café era más una tregua que una bebida.

Entonces se sentó frente a mí Hans, el hombre con aspecto nervioso, con acento extranjero y sin el más mínimo respeto por las distancias. Como sabes, no se disculpó por invadir mi mesa, ni mi espacio, ni tampoco por observar mis papeles como si fueran suyos. Iba a levantar la vista con intención de frenarle —esa mirada que dice «por favor, no»—, pero antes de que pudiera decir nada, abrió la boca y soltó su historia. Esa historia que retomo brevemente aquí.

Meiwes, el caníbal de Rotemburgo, es uno de los casos más insólitos que estaba estudiando por entonces.

Meiwes era exsoldado, hombre solitario, y perfectamente integrado en la sociedad hasta que, en marzo de 2001, publicó un anuncio buscando a un «hombre joven y fuerte, dispuesto a ser asesinado y devorado». Sí, así, tal y como suena, un hombre que buscaba una víctima. Y la víctima apareció. Apareció, consintió y murió. Y fue parcialmente ingerida, con detalles que no repetiré aquí. No todavía.

Pero ahí estaba ese hombre, Hans, diciendo que no solo lo conocía, sino que eran amigos, que seguía visitándole en prisión, y que podía contarme la historia completa, «sin adornos de periodista» —se atrevió a decirme.

No sé si fue el agotamiento, la profesionalidad o la intuición, pero le dejé hablar. Dos horas. Después vendrían más encuentros, más detalles, y muchas más capas.

Hans me explicó que Meiwes era perfectamente funcional. Que tenía trabajo, relaciones, cierta estabilidad. Que no era un asesino común, y que no le movía el odio, sino una obsesión por «comerse a alguien para llevarlo dentro para siempre». Una fusión simbólica, un acto de amor, según su lógica. Un horror.

La víctima —un ingeniero berlinés que respondió al anuncio— tampoco era un personaje menor. Tenía éxito profesional, estabilidad económica y un historial de prácticas sadomasoquistas que, de algún modo, culminaban en ese deseo de experimentar el dolor máximo antes de morir. Todo fue grabado, todo fue pactado, y todo fue consentido. Hasta el punto final.

Y, sin embargo, el horror estaba ahí. No solo por el canibalismo, y no solo por la muerte, sino por lo que ambos decían estar buscando: conexión, intimidad… Amor.

Sí, has leído bien. Amor.

¿Puede una relación en la que uno mata y otro consiente ser una historia de amor? Por supuesto que no. Pero esa es la trampa del psicópata. Te convence de que sí, de que lo suyo es una forma superior de afecto, de que tú le elegiste, de que le entendiste y, de que nadie más podría haberlo hecho.

Y tú, en mitad de ese espejismo, bajas la guardia… y mueres. Mueres siempre, porque si no mueres físicamente —si no te mata—, el psicópata te agotará hasta la extenuación y matará una parte de ti. El caso es que, de una forma u otra, mueres.

Lo de Meiwes es un caso extremo, claro está. Pero no es ajeno a lo que muchas personas viven —y sufren— en relaciones donde hay manipulación emocional, dependencia afectiva y asimetría total.

Quizá tu pareja no te diga que quiere devorarte literalmente, pero si se trata de un psicópata te querrá absorber, te querrá completa, te querrá entregada. Te convencerá de que renunciar a tu criterio es prueba de amor, que dejar de hablar con tus amigos es un gesto de intimidad, que cambiar tu forma de vestir o pensar es evolución, que sufrir es amar. Y que dudar de él es, sin duda, traición. Y tú, posiblemente, le creerás.

Así funcionan los amores peligrosos, esos que no llegan con cuchillos, pero llegan con caricias, con planes, con gestos de entrega absoluta que, poco a poco, van vaciándote por dentro. Porque el psicópata sentimental no necesita violencia física, necesita algo mucho más profundo. Necesita que tú no sepas dónde terminan sus deseos y dónde empiezan los tuyos. Necesita que confundas amor con admiración, control con protección, silencio con madurez, y frialdad con entereza.

Y cuando empieces a desmoronarte, cuando sientas que algo no encaja, será tarde. Porque ya no tendrás palabras, ni fuerzas, ni identidad.

Por eso esta historia abre el capítulo. Porque me enseñó que lo que define a un psicópata en pareja no es la agresión, sino la capacidad para instalarse en tu vida sin que lo notes. Instalarse para construir contigo una historia de amor donde solo uno escribe el guión.

CÓMO TE ENAMORAN Y CÓMO TE DESTRUYEN

Una mujer me dijo una vez, entre lágrimas «Nunca me había sentido tan viva… Hasta que empecé a morir por dentro».
Había salido de una relación con un hombre que no le había levantado la voz jamás, que no le había sido infiel, que no le

había prohibido nada. Solo había ido reescribiendo su personalidad, poco a poco, de forma sibilina, como si la estuviera corrigiendo, como si su versión original no fuese suficiente. Y cuando la dejó, ni siquiera le dio una explicación, solo se esfumó, dejándole el recuerdo de aquella versión idealizada que, en realidad, nunca existió.

Eso hacen. No te enamoras de ellos, te enamoras de una idea. La idea de haber encontrado, por fin, a alguien que te ve, que te admira, que te eleva, que te hace sentir única. Y lo hacen tan bien que, cuando el daño empieza, tú ya no sabes cómo salir sin perder algo más que una relación. Te arriesgas a perder tu identidad. A perderte tú por completo.

Todo comienza de forma brillante. Se les da bien, porque saben mirar. No ver —eso es otra cosa—, sino mirar de verdad. Escanean tus gestos, tus frases, tus inseguridades. Son auténticos detectives emocionales.

Donde otros ven una sonrisa, ellos ven una necesidad.

Donde tú dices «Me cuesta confiar», ellos ya están diseñando cómo romper esa barrera.

No hay errores al principio, y tampoco hay señales. Todo parece diseñado a medida.

El psicópata invisible, especialmente en el terreno sentimental, tiene una capacidad casi sobrehumana para ajustar su comportamiento a lo que tú quieres encontrar. Si buscas a alguien seguro, lo será. Si prefieres a alguien tímido, se replegará. Si detestas a los hombres que interrumpen, te escuchará con devoción. No está siendo auténtico, está actuando.

En psicología esto se llama «fase de idealización».

En la vida real, se llama «mariposas en el estómago».

En esta etapa inicial, todo es excesivo; los mensajes, las muestras de atención, la rapidez emocional.

Puede que hayas escuchado alguna vez la expresión «bombardeo de amor», o *love bombing*. Te despiertas con un mensaje, te vas a dormir con una videollamada, te elogia por todo.

Dice que no ha conocido a nadie como tú, te habla de planes de futuro en la segunda cita. Todo parece fluir, parece el destino. Y tú te rindes.

¿Por qué no lo harías? ¿Quién desconfía cuando todo va bien?

Ahí está el truco. Porque lo que parece ir bien es, en realidad, una puesta en escena, y cuando él decide que ya te tiene, empieza la siguiente fase, la de erosión.

SEÑALES DE ALARMA

1. Todo va demasiado rápido
Te conocisteis hace una semana y ya habláis del futuro.
Habla de almas gemelas, de conexión única, de planes de vida… antes de saber si tomas café solo o con leche.
El psicópata integrado tiene prisa porque sabe que, si te da tiempo a pensar, puedes detectar el teatro. Por eso acelera.
La intensidad no siempre es amor. A veces es estrategia.
2. Necesita tu atención constante
No es cariño, es control.
Si no respondes al mensaje, se enfada.
Si no contestas como espera, se aleja.
Si haces algo sin contárselo, te lo echa en cara.
Llama a eso «cuidarte», pero en realidad quiere saber en todo momento dónde estás, con quién estás y cómo piensas.

3. El silencio como castigo

La famosa «ley del hielo».

No te dice qué le pasa, simplemente se apaga.

No responde, no llama, no toca. Y tú, como una náufraga, tratas de entender qué hiciste mal.

Y eso es lo más cruel, porque no hiciste nada malo. Solo dejaste de bailar exactamente a su ritmo.

4. Te elogia, pero siempre con una sombra

«Eres muy guapa, aunque ese peinado no te favorece».

«Eres lista, aunque a veces dices cosas raras».

«Te admiro, aunque deberías aprender a escuchar».

Ese «aunque» constante no es inocente. Es la semilla de la duda. Y tú empiezas a pensar que mejorar por él es quererte más.

5. Cambias sin darte cuenta

Dejas de ir a sitios que te gustaban, te arreglas diferente.

No cuentas ciertas cosas por si se molesta.

Te sorprendes justificando comportamientos que antes habrías rechazado.

Y todo eso lo llamas «adaptarte a la relación». Pero si te estás desdibujando, no te estás adaptando. Te estás perdiendo.

6. No asume culpa, NUNCA
Todo es culpa de los demás. De su ex, de su jefe, del camarero, del tráfico.
Y si tú discutes, siempre te devuelve el balón. «Estás sensible», «Te lo tomas todo mal», «Tendrías que quererme como yo te quiero».
No hay disculpa sincera. Solo *gaslighting*.

7. Te hace dudar de tu percepción
Ese es el golpe maestro. Si alguna vez lo enfrentas con una incongruencia, te dirá que lo malinterpretaste.
Si le recuerdas algo que dijo, lo negará.
Y si lo señalas, te acusará de exagerada, paranoica, celosa, o inestable.
Lo que quiere no es tener razón, lo que quiere es que tú pierdas la tuya.

Al principio, es sutil. No hay gritos ni portazos. Empieza con:

«¿No crees que ese vestido no te favorece?»

«No sé si ese amigo tuyo te conviene tanto».

«A veces deberías pensar antes de hablar».

No lo dice con desprecio, lo dice con tono dulce, casi paternal, casi como si te estuviera haciendo un favor. Y tú lo aceptas porque ya te has convencido de que te ama (y posiblemente también te has enamorado.) Lo hace con tanta habilidad que llegas a pensar que cambiar por él es crecer, que estás madurando, y que mejorar para el otro es normal. Pero lo que está haciendo no es acompañarte, es reconstruirte a su imagen.

A medida que cedes, él avanza. Y lo que antes eran gestos de afecto se transforman en reglas tácitas: no tienes que dejar de ver a tus amigas, pero si las ves, se molesta. No tienes que cambiar tu peinado, pero cuando lo haces, deja de mirarte igual. No tienes que hacer nada, pero si no lo haces, el aire se enfría, y mucho.

Es entonces cuando llega la técnica más despiadada, la ley del hielo —la del silencio que hemos visto en los perfiles psicopáticos, pero quiero recordar aquí de nuevo—. En esta técnica no hay gritos, no hay reproches, solo silencio. Silencio que castiga, que aísla, que anula. Y, sobre todo, que duele. Duele mucho. Silencio que te hace pensar que algo has hecho mal, pero sin saber qué. Y como quieres recuperar la armonía, haces lo que sea. Pides perdón, cedes, justificas.

Él te mira de nuevo, te sonríe. Todo vuelve a estar bien… Por un rato.

No necesita gritarte, le basta con no hablarte, ignorarte y no responderte. Convertirse en aire. Lo hace sin aviso. A veces en medio de una conversación, a veces al despertarte, y tú no entiendes por qué. ¿Y sabes lo más curioso? A veces él tampoco lo sabe. Pero el daño ya está hecho, y tú te sientes confundida y recorres mentalmente todo lo dicho. Buscas tu error con desesperación, con angustia, porque él no explica. Eso no lo hará nunca, solo desaparece emocionalmente, como si fueras invisible, como si no existieras. Y ese vacío, esa ausencia de respuesta, te desquicia más que una pelea.

¿Y sabes qué pasa? Lo que hemos dicho antes, que tú vuelves.

Pides perdón por lo que no entiendes, suavizas tus gestos, y cada vez te haces más pequeña. Intentas con desespero recuperar la conexión porque, en tu mente, perder ese vínculo sería volver a la soledad —sobre todo, a la que te ha inculcado—, a la duda, al yo sin espejo.

Y así se repite el ciclo. Un día es ternura, otro, indiferencia; un día te invita a una escapada romántica, otro, no responde tus mensajes, o te ignora —aunque viváis juntos, le dará igual—. Y tú, tú te enganchas a la nostalgia, tratas de volver al principio, tratas de volver a sentir a aquel hombre que parecía perfecto. Pero ese hombre no está. De hecho, nunca estuvo. Fue una construcción temporal, diseñada para atraparte. Y te atrapó, vaya si te atrapó.

Y aquí aparece lo más perverso. Aquí aparece la disonancia cognitiva. Tu mente no puede aceptar que alguien que te ha hecho sentir tan bien sea la misma persona que ahora te destroza emocionalmente, así que eliges justificarle.

Crees que está estresado, que tiene heridas, que necesita tiempo. Le excusas porque, si no lo hicieras, tendrías que aceptar la verdad. Tendrías que aceptar que te enamoraste de una ilusión. Y eso, para muchas personas, es más doloroso que seguir sufriendo.

Mientras tanto, él refuerza su posición.

En público sigue siendo encantador, con tus amigos, educado, con tu familia, atento. Tú, en cambio, empiezas a parecer inestable. Te sientes irritable, insegura, ansiosa.

Y como nadie ve lo que tú ves, el problema parece ser tuyo.

Ese es su golpe maestro: te aísla de ti misma.

Porque llega un momento en que ni siquiera sabes si estás exagerando. Empiezas a pensar que tal vez te estás volviendo loca. Y justo entonces, él te «perdona», te ofrece una nueva oportunidad, y te dice que te comprende.

Y vuelves.

Así lo controla todo. Con dosis calculadas de afecto, castigo y ambigüedad.

Y si un día decides marcharte, no lo aceptará. No porque te ame, sino porque no tolera perder el control. A excepción, claro, de que sea él quien lo decida y esto solo lo hará cuando tenga un reemplazo preparado. Pero si eres tú quien se va, entonces empieza la fase de represalia; te culpa, te busca, te acusa, te espía. Te expone. O peor aún, te ignora por completo. Te ignora como si nunca hubieras existido.

Y tú, que habías dado todo, no entiendes cómo puede olvidarte tan fácil. La respuesta es simple, no te olvida, solo desconecta. No siente apego, no siente pérdida. Solo siente herida en su ego, y eso, para él, es imperdonable.

LA PSICOPATÍA NARCISISTA EN LA PAREJA
(AMAR SOLO EL REFLEJO)

Hay amores que no son amor, son solo necesidad de admiración. Y hay personas que no te eligen por lo que eres, sino por cómo las haces sentir a ellas. No quieren una pareja, lo que quieren es un espejo.

Te cuento esto porque la psicopatía narcisista funciona así. No busca vínculos reales, busca suministros, alimento emocional. Público. Alguien que devuelva una imagen engrandecida, adoradora, acrítica. Es un amor que se vive hacia afuera, pero que en el fondo solo tiene una dirección, el yo.

Lo peligroso es que, al principio, todo parece pasión. Te hacen sentir la elegida, se desviven por ti, se adaptan, te dan todo a granel. Pero en realidad están extrayendo. Todo lo que hacen no es por ti, sino para reforzar la narrativa de sí mismos.

El narcisista con rasgos psicopáticos tiene un encanto quirúrgico. No es que sea simpático, es que es eficaz. Identifica tus puntos débiles —una relación anterior que te dañó, una inseguridad física, un vacío afectivo— y los convierte en accesos. No para cuidarlos y mimarlos con esmero, sino para que dependas de él para taparlos.

Te hará creer que te entiende como nadie. Que él sí ve tu valor, que contigo es distinto, y que juntos sois especiales.

Pero en cuanto te salgas del guión —si cuestionas, si pones límites, si no le devuelves la imagen que quiere— el castigo llega. Eso es seguro.

Y ahí entra de nuevo ese arma cruel del psicópata narcisista: la ley del hielo de la que acabamos de hablar. Esa misma que cuando por fin te «perdona», te reconcilias... Y ahí no solo has perdido la batalla, también has perdido algo mucho más valioso. Ahí habrás perdido tu criterio, tus límites, y al mismo tiempo, tu voz.

Así es el ciclo del psicópata narcisista: idealización, devaluación y descarte. Primero, te endiosa, luego te rebaja, y si ya no le sirves, te elimina.

Y lo más desconcertante es que lo hace sin aparente emoción. Puede cortar contigo por mensaje —con un despiadado y simple correo electrónico—, puede irse sin despedirse, incluso, puede bloquearte y empezar con otra persona al día siguiente. Porque lo más probable es que ya tenga a una persona de repuesto antes de lanzarse a dejarte. Y, después de la ruptura, no sentirá nada. Hasta es posible que dé una fiesta en su casa —la que era vuestra— a los pocos días de la separación, con tu cuerpo aún latiendo. O que aún no hayas dejado las llaves y ya tenga preparado el desayuno para el repuesto.

Porque el psicópata narcisista no sufre, no se rompe, solo reemplaza. Porque nunca estuviste tú en el centro. Estaba él, siempre él. Tú eras el proyector, no la película.

Este patrón se repite —con matices— en políticos, ejecutivos, *influencers*, gurús del *coaching*, artistas, médicos de bata blanca y sonrisa amable. El poder no siempre corrompe, a veces, solo amplifica lo que ya estaba.

El narcisista con psicopatía vive de la narrativa. Necesita quedar como un héroe, pero también como la víctima, como el amante perfecto, pero jamás como villano.

Por eso, cuando tú lo desenmascaras, cuando cuentas lo vivido, él contraataca con encanto, o se hace la víctima. Posiblemente, le dirá a su familia que dejaste de quererle, que te aprovechaste, y sibilinamente habrá conseguido desconectarlos de ti. Y si intentas acercarte, buscar el refugio de los que durante años fueron una parte importante de ti, vendrá la decepción. Nadie te creerá. Todos pensarán que exageras, que cómo va a ser así, con lo bueno que es su hermano, hijo o amigo. Y ahí estás tú, con el alma hecha jirones, dudando de si lo que viviste fue real.

Lo fue. Lo es.

EL SÍNDROME DEL CABALLERO BLANCO

Hay un tipo muy concreto de psicópata protector, el que aparece como un salvador. Llega a tu vida cuando estás en crisis, cuando todo tambalea. Te escucha, te entiende, y también te rescata. Se convierte en tu refugio. Pero lo que no sabes es que él mismo generará, más adelante, nuevas crisis. Porque solo puede sentirse superior si tú estás rota. Y para seguir siendo tu héroe, necesita que siempre haya un incendio que apagar.

Este patrón es peligrosísimo. Se ve en parejas donde uno depende del otro para todo. En relaciones donde uno de los dos asume el rol de guía absoluto. Te dice qué hacer, con quién hablar, qué ropa ponerte, qué decisiones tomar. Y si te atreves a cuestionarlo, te recuerda que sin él no habrías llegado hasta aquí. Que le debes todo y que sin él estarías peor.

Es chantaje emocional de alta gama, con ribetes dorados de afecto. Pero no hay afecto en el fondo. Lo que hay es necesidad de control. Porque si tú te haces fuerte, él pierde su papel, y ese papel es lo único que le hace sentirse poderoso.

El gran problema es que este tipo de psicópata no genera rechazo al principio. Todo lo contrario, genera una gran seguridad. Alguien que te cuida, que está ahí, y que te protege del mundo. Pero esa seguridad es falsa, es una trampa, porque el día que quieras salir, no sabrás cómo. Porque habrás aprendido a vivir con miedo, y a no tomar decisiones sin su aprobación. A no confiar en tu criterio.

Y si decides cortar, entonces llega la culpa. El psicópata protector es un maestro del sufrimiento sobreactuado. Llora, suplica, incluso se muestra destrozado. «Solo quería cuidarte». «Eres tú la que no sabe recibir amor». Y si eso no funciona, puede volverse hostil. No tolera que le quiten el control.

Si bien, no todo el que cuida es un psicópata, esto es obvio. Pero cuando alguien te cuida de forma que te impide crecer, decidir, equivocarte o respirar... cuidado, porque tal vez no te está cuidando. Tal vez te está encerrando. Y detrás de esa falsa ternura, hay una necesidad enfermiza de poseer.

El psicópata protector no quiere que estés bien, quiere que estés sujeta, y eso no es lo mismo. Por supuesto, quiere que no le cuestiones y que agradezcas su control. Que confundas su dominio con amor. Y si algún día decides escapar, te costará entender cómo llegaste a ese punto. Porque nadie te gritó. Nadie te golpeó. Solo te protegieron. Hasta desaparecerte.

14. Señales de alarma.
Cuando el amor empieza a doler

Las alarmas emocionales no suenan como las de los coches, está claro. No hacen ruido, no te despiertan sobresaltada. Son más bien un murmullo interno, un leve escalofrío, una sospecha que no sabes si es paranoia o intuición. Y así, muchas veces, decides callarla. Porque nadie quiere desconfiar de la persona que le hace latir el corazón. Porque nadie quiere admitir que aquello que parecía amor es, en realidad, una estrategia de dominio cuidadosamente ejecutada.

El psicópata invisible no irrumpe en tu vida con apariencia de monstruo. Llega envuelto en halagos, carisma, inteligencia. Es encantador, sabe escucharte, te lee con precisión. Su atención te hace sentir especial, única. Y eso es exactamente lo que quiere. Que bajes la guardia.

Te estudia. Detecta tus necesidades afectivas, tus vacíos, tus inseguridades. Las memoriza, las convierte en puertas, y entra. No por la fuerza, sino con flores y bombones. Es el primero en decirte que nunca había conocido a alguien como tú, que eres un regalo que le ha caído del cielo, y tú te lo crees, porque también es la primera vez que alguien te mira así.

Y entonces empieza el juego.

Al principio todo fluye. Sientes que por fin encontraste a alguien que te ve como a ti te gusta que lo haga, te desea, te entiende. Pero poco a poco, imperceptiblemente, algo cambia. No es que él se transforme, no. Es que tú empiezas a adaptarte, a justificar, a ceder, a saltarte tus propios límites. Y lo haces sin darte cuenta, porque el amor —crees— también es eso. Piensas que el amor es comprometerse, entender al otro, estar para él. Aunque tú te vayas diluyendo por el camino.

Una de las tácticas más eficaces y devastadoras de los psicópatas sentimentales es el castigo silencioso, ya lo hemos dicho antes. No hacen escenas, no discuten contigo, simplemente desaparecen emocionalmente. Dejan de hablarte y te ignoran sin razón aparente. Y tú te consumes intentando entender qué hiciste mal.

No hay peor dolor que el silencio impuesto por alguien que te importa. Ese «castigo» no se expresa, se ejecuta. Te deja colgada emocionalmente, sin cierre, sin explicación. Y tú, que no entiendes nada, haces lo que ellos esperan: suplicas. Te disculpas constantemente, prometes tener más cuidado, intentas recuperar la armonía, incluso cuando no sabes en qué fallaste.

Y cuando vuelven —porque siempre vuelven— no hay conversación pendiente. Solo actúan como si nada hubiera pasado, como si hubieras exagerado, como si la herida fuera solo tuya, por sensible. Y tú lo aceptas, porque necesitas que todo vuelva a estar bien. Porque ya estás atrapada.

Pero eso no es amor. Es poder.

Un poder silencioso, pero afilado. Que se alimenta de tu duda, de tu necesidad de aprobación, de tu tendencia a pensar siempre que «la culpa es mía».

Otras veces la maniobra se disfraza de consejo. Te dice que ese vestido «no es muy tú», que «tienes otros que te quedan mejor» aunque te veías preciosa frente al espejo. Que tu mejor amiga «te mete cosas raras en la cabeza», aunque es la única que te pregunta cómo estás. Que «no pasa nada si dejas ese trabajo tan estresante», aunque te hacía sentir viva. Y luego te reprochará que dejaras el trabajo, porque lo hará.

No te prohíbe, te sugiere. No te aísla, te protege. No te quita poder, solo lo reemplaza por su criterio, que siempre parece más lógico, más maduro, más «por tu bien». Y tú, sin darte cuenta, vas dejando de ser tú.

Luego viene el *gaslighting* del que hemos hablado. Esa técnica tan peligrosa como eficaz, en la que niega haber dicho lo que recuerdas perfectamente, en la que te acusa de estar loca por sentirte herida, en la que reescribe la historia en tiempo real. Es el arte de volver difusa tu propia percepción. Lo que sentiste no fue real, lo malinterpretaste, lo imaginaste, te lo inventaste. De pronto te volviste paranoica.

Y llega un punto en que tú misma ya no estás segura de si fue un grito o un susurro, de si fue violencia o solo una broma, de si estás exagerando o estás viendo lo que nadie quiere ver. Ese es su triunfo.

Cuando empiezas a censurarte, a hablar menos, a filtrar tus emociones, a esperar el momento adecuado para expresar algo que antes habrías dicho con naturalidad. Cuando te descubres a ti misma midiendo cada palabra para no incomodarle, no «activarlo», no provocarle un nuevo enfado sutil. Ahí es cuando debes hacerte una pregunta muy clara: «¿Quién estoy siendo yo en esta relación?», porque si la respuesta es «Una versión disminuida de mí misma», algo va mal. Muy mal.

Muchos psicópatas sentimentales combinan su frialdad estructural con rasgos narcisistas. No solo quieren controlarte, quieren que tú los admires. No buscan amor, buscan devoción. Quieren que los mires como si fueran lo más valioso que te ha pasado. Y si un día dejas de hacerlo, o si se dan cuenta de que estás viendo detrás del decorado, te lo harán pagar. Y no necesariamente gritando, no necesariamente abandonándote. Tal vez solo retiran su atención. O peor, te hacen sentir culpable por no valorar todo lo que «hacen por ti», porque, claro, todo lo que ellos hacen, siempre «es por ti». Y tú te comes la culpa con cuchillo y tenedor.

A veces, he escuchado a mujeres contar cómo sus parejas les decían cosas como «A mí no me gusta discutir, eres tú la que siempre tiene un problema». Esa frase, en apariencia inofensiva, es una obra maestra de manipulación. Traslada la responsabilidad de todo conflicto al otro y desactiva cualquier posibilidad de mejora. Porque si el problema eres tú, ¿qué puede hacer él?

Y es ahí donde muchas víctimas se quedan, intentando corregirse a sí mismas para merecer a alguien que nunca fue real.

Si has estado en una relación así —y créeme, más personas de las que imaginamos han pasado por una—, sabrás de qué hablo. Hablo del insomnio, de las llamadas a la atención sin respuesta. Hablo del «Estás loca», del «Yo no soy así, pero tú me sacas de quicio», del «Mira cómo me pones», del miedo a que cualquier cosa que digas o hagas desate un nuevo terremoto, un vendaval por el que de nuevo serás castigada con la ley de hielo.

Y de la culpa, siempre la culpa. Una culpa que te hace quedarte incluso cuando sabes que deberías irte. Porque aún guardas la esperanza de que vuelva aquel principio mágico, aquel que parecía tan perfecto, tan atento, tan hecho para ti. Pero ese principio no era real, solo era el anzuelo. Y tú lo mordiste.

Romper con un psicópata sentimental, narcisista, no es solo acabar una relación, es desenredarte de una red construida cuidadosamente para atraparte. Es recuperar tu percepción, tu intuición y tu voz. Y eso da vértigo. Porque cuando sales, no solo te enfrentas a la soledad, sino a la verdad de todo lo que negaste mientras estabas dentro.

Pero salir es posible. Y más que posible, es necesario. Porque nadie merece vivir en una relación donde tiene que pedir permiso para respirar, donde cada palabra se convierte en una negociación, donde el miedo a molestar pesa más que el deseo de ser feliz.

El amor —el real— no te exige dejar de ser tú, no te castiga con silencios, no te manipula con frases calculadas, no te hace sentir menos. El amor real te da espacio, no te encierra. Te acompaña, no te evalúa. Te alienta, no te corrige todo el tiempo.

Así que, si te reconoces en estas líneas, si alguna parte de ti ha sentido ese nudo en el estómago, ese miedo a equivocarte, ese agotamiento emocional que no sabes explicar, escucha esa voz. Esa vocecita interna que tantas veces hemos callado para no romper lo bonito, porque esa voz es la que te puede salvar.

Y no, no estás loca. Estás despertando.

15. Madres y padres psicópatas

La idea de que una madre —esa figura culturalmente idealizada como protectora, sacrificada, cálida— pueda ser una psicópata integrada, no entra fácilmente en nuestra cabeza. A veces cuesta más aceptar esta posibilidad que reconocer a un dictador como tal, pero ocurre. Y ocurre más de lo que creemos. Lo mismo con los padres, aunque ellos han sido tradicionalmente más tolerados en sus ausencias, frialdades o dominaciones. En ambos casos, hablamos de figuras clave en la formación emocional de un ser humano. Y cuando esas figuras están podridas por dentro, el daño no es solo profundo, es invisible. Y por eso, más duradero.

El psicópata padre o madre no siempre grita. A veces ni siquiera pega. Puede no levantar la voz en años. De hecho, puede parecer la madre ideal o el padre entregado, siempre con la sonrisa perfecta en las fotos familiares. Porque su especialidad, su talento natural, es camuflar la crueldad detrás de un disfraz de normalidad.

El chantaje como cuna

Podríamos decir que la crianza con un psicópata emocional se parece a vivir en una sala de espejos. Nunca sabes si lo que estás viendo es real o un reflejo manipulado. ¿Te quiere o te necesita? ¿Te cuida o te controla? ¿Te está protegiendo o te está absorbiendo?

Una madre psicópata no te va a decir que eres una carga, eso sería muy evidente. Lo que hace es mostrarlo con silencios, con suspiros, con enfermedades imaginarias cada vez que no haces lo que ella espera. Si tomas una decisión autónoma, ella «cae en cama», si hablas con alguien que a ella no le gusta, deja de hablarte. Y si te va bien en algo sin haberla involucrado, sufre una «crisis nerviosa».

Un padre psicópata puede parecer el alma de la casa: divertido, sociable, generoso... pero solo cuando le conviene. En cuanto algo no sale como él quiere, el clima se enrarece. Se ofende, se encierra, pone cara de víctima... o peor: culpa a todos de su mal humor. El problema nunca es suyo, siempre lo causan los demás, siempre eres tú.

Este patrón repetido acaba generando una cárcel mental. Los hijos de psicópatas aprenden a anticipar estados de ánimo, a medir palabras, a leer rostros para evitar el drama. Y lo más devastador es que aprenden a sentirse culpables por todo.

El amor como arma

En el caso de los padres psicópatas, el afecto no se da, se administra con estrategia, en pequeñas dosis, y en momentos escogidos controlados. El «te quiero» se convierte en moneda de cambio. Te quiero si haces lo que digo, te quiero si no me contradices, te quiero si no me dejas. No es amor obviamente, es dominación emocional. Y tampoco es exageración, es un manual invisible que se repite en miles de familias donde el daño se camufla de amor.

Una madre psicópata no permite que sus hijos la abandonen. Si lo intentan, usa el arma más sofisticada, la lástima, la pena: «Después de todo lo que he hecho por ti...», «Algún día te arrepentirás de esto», «No sabes cuánto me estás haciendo sufrir». Y si eso no funciona, pasa a la humillación más sutil de todas, «Te estás volviendo egoísta, como tu padre», «Siempre has sido difícil», «Nunca has sabido hacer las cosas bien». Todo esto con una taza de té en la mano y una sonrisa perfectamente dibujada.

El padre psicópata, en cambio, muchas veces opta por la competición emocional: «Yo a tu edad ya tenía tres trabajos», «No valoras nada», «Estás blando», «Estás desperdiciando tu vida». A veces lo hace sin mala intención consciente. Pero la falta de empatía y el egocentrismo estructural marcan el tono. Y ese tono, repetido durante años, se convierte en un dogma emocional que deforma a quien lo recibe.

Hijos rotos, adultos adaptados

Muchas personas que han crecido con padres psicopáticos ni siquiera lo saben. O lo saben, pero no se atreven a decirlo, porque hay una ley no escrita que impide hablar mal de una madre o de un padre. Especialmente si estaban presentes. Si «nunca faltó un plato en la mesa», si «siempre te llevaron al colegio», si «hicieron lo que pudieron». Frases que funcionan como excusas perfectas para encubrir dinámicas de abuso emocional que arrastran secuelas toda la vida.

Las víctimas de estos entornos suelen desarrollar dos caminos extremos: o se vuelven complacientes crónicos, incapaces de decir que no, o se rebelan con una violencia emocional que no entienden, pero que sienten necesaria. Hay quien se convierte en cuidador compulsivo, porque su infancia fue cuidar a su madre en vez de ser cuidado. Hay quien no sabe lo que es el deseo propio, porque solo ha vivido para cumplir los deseos del padre. Y hay quien arrastra una sensación de vacío constante, aunque tenga una vida «perfecta».

Los psicópatas parentales no siempre han tenido una infancia traumática. Algunos sí, claro, pero otros simplemente han desarrollado una estructura fría, narcisista, funcional, que nunca les permitió ver a sus hijos como seres individuales. Para ellos, los hijos son extensiones, trofeos, espejos o amenazas. Nunca personas completas.

Las familias con un psicópata integrado suelen ser hábiles para ocultarlo, y si alguien lo señala, se convierte en el problema. La disidencia no se tolera. El hijo que habla es «el resentido», «el exagerado», «el que siempre tiene que montar un drama». Y es curioso, porque muchas veces, quien carga con la etiqueta de inestable es quien está diciendo la verdad.

Este tipo de hogares vive en una coreografía de apariencias. Todo parece normal, incluso feliz. Y en cierta forma lo es... si nadie se sale del guion. Pero si alguien cuestiona, si alguien se va, si alguien pone límites, entonces el monstruo se deja ver. No grita, pero hiere. No golpea, pero congela.

¿Y cómo se sobrevive a eso? A veces, no se sobrevive. Esto es así. Se sobrevive a costa de una fractura interior que duele más en la adultez que en la infancia. Porque cuando eres niño, no sabes que eso no es normal, pero cuando creces, cuando ves otras formas de amor, otras formas de respeto, te das cuenta de lo que te robaron. De que te robaron la espontaneidad, la seguridad, el derecho a existir sin miedo. Y eso duele.

Casos reales (del guión al horror de saber que es cierto)

Podríamos llenar páginas con ejemplos, pero bastará con mencionar dos que han trascendido los límites de la ficción.

Uno de ellos es el caso de Dee Dee Blanchard, madre de Gypsy Rose, que la obligó durante años a vivir como una niña enferma. Le administraba medicación innecesaria, la sometía a cirugías que no necesitaba y le hacía creer que tenía múltiples enfermedades ¿El motivo? Obtener simpatía social, ayudas económicas, atención. Un caso extremo de síndrome de

Münchhausen por poderes. Pero también, un caso de psicopatía estructurada bajo la máscara del amor materno.

El otro caso es el de Josef Fritzl, el austriaco que encerró a su hija durante 24 años en un sótano y la violó sistemáticamente. Tuvo siete hijos con ella. Y mientras tanto, en la planta superior, su esposa creía que su hija simplemente se había ido. ¿Cómo se oculta tanto horror bajo una fachada de normalidad? Con frialdad absoluta, control extremo y una ausencia total de culpa: el trípode de la psicopatía.

El trípode de la psicopatía

Frialdad absoluta
Control extremo
Ausencia total de culpa

Pero no todo padre o madre tóxico es un psicópata. Sin embargo, cuando el daño es sistemático, frío, sin empatía, sin revisión, y además va acompañado de una necesidad de control y de imagen social perfecta, conviene planteárselo. Porque los psicópatas no siempre viven en casas aisladas o cárceles. A veces preparan la cena, a veces llevan a los nietos al parque, y, a veces, siguen dirigiendo la vida de sus hijos adultos con una simple mirada.

¿Se puede salir de ahí?

Sí. Pero no es fácil. Y casi nunca sin dolor. Salir del influjo de un padre o madre psicopático es parecido a salir de una secta:

hay que desaprender, reconstruirse, pasar por el duelo de aceptar que ese amor no fue amor, o al menos, no fue el que necesitabas. Hay que aprender a poner límites. A veces, incluso, a cortar relación, y otras veces, simplemente a mirar con otros ojos, sin esperar nada. Nunca hay que esperar nada.

Lo más difícil es superar la culpa. Porque el psicópata parental te ha entrenado para creer que todo lo malo es tu responsabilidad. Pero no lo es, no lo fue. Y cuanto antes se entienda eso, más posibilidades hay de empezar a vivir con libertad.

Epílogo sin final feliz (cuando el infierno te dio la vida)

No elegimos de quién nacemos, eso lo tenemos claro. Pero sí podemos elegir qué hacemos con lo que recibimos. No hay infancia perfecta, pero sí que hay infancias envenenadas con una precisión quirúrgica que deja secuelas que ni siquiera Freud alcanzó a imaginar.

Este capítulo no busca demonizar la figura de los padres, ni mucho menos. Lo que busco aquí es visibilizar una realidad que se esconde detrás de frases como «es tu madre», «es tu padre», «te dio la vida». Porque dar la vida no es garantía de saber cuidar. Y porque, a veces, lo más sano que puede hacer un hijo... es irse.

16. Padres ejemplares ante el juez

El psicópata invisible no necesita levantar la voz para destruir, y tampoco necesita saltarse la ley, porque le basta con interpretarla a su favor. Y si hay un escenario donde esa actuación alcanza niveles de perfección escalofriante, es un juzgado. Con toga o sin ella, lo que se juega allí no es solo la verdad, sino el relato que mejor se sostenga sin titubeos. Y el psicópata lo sabe. De hecho, lo domina.

Hay un tipo especialmente peligroso que no mata, no roba, ni siquiera deja pruebas de su crueldad, pero arrasa en los tribunales con una habilidad pasmosa: el padre (o la madre) ejemplar. Esa figura inmaculada, de verbo medido y sonrisa dolida, que llega a sala con informes impecables, camisas planchadas y una carpeta perfectamente organizada. No le hace falta agredir, porque piensa manipular. No necesita defenderse, porque acusa con elegancia. Y cuando habla, lo hace desde la superioridad moral del que dice querer «lo mejor para los niños».

Es el tipo de persona que da las gracias al juez, que se refiere a su expareja como «una buena madre —o padre—, aunque algo inestable», que se muestra dispuesto a negociar, siempre que se le conceda la custodia exclusiva, claro. Que llora con mesura, baja la cabeza en el momento oportuno y deja caer, como quien no quiere la cosa, que sufre «por los pequeños». Es tan cuidadoso en las formas que muchos profesionales acaban creyéndole.

Porque nadie imagina que detrás de ese tono contenido haya una estrategia milimétrica de aniquilación emocional y legal.

GASLIGHTING JUDICIAL (LA REALIDAD MANIPULADA CON TOGA)

El *gaslighting* —en otro capítulo ya hemos hablado de él— es una forma de abuso emocional que consiste en distorsionar la percepción de la realidad de la víctima hasta hacerle dudar de sí misma. Aplicado al entorno judicial, se convierte en una herramienta demoledora porque el psicópata no solo convence al otro de que está equivocado, sino que logra que lo parezca ante terceros con autoridad.

¿Y cómo se hace eso? Fingiendo preocupación, sugiriendo sin acusar, sembrando dudas sin dar afirmaciones tajantes. El psicópata protector puede decir frases como:

> «No tengo nada en contra de ella, pero me preocupa su salud mental desde hace tiempo».

> «No sé si es el entorno que frecuenta, pero los niños vuelven diferentes cada vez que están con ella».

> «Yo no quiero quitarle a los niños, solo protegerlos».

Frases que no suenan agresivas, pero que van horadando la credibilidad del otro. La minan, porque no se trata de pruebas, sino de instalar un relato. Y eso, en un proceso judicial, puede valer más que un documento, se lo aseguro.

El psicópata que domina el sistema sabe dónde están las debilidades. Por eso llega a sala con el trabajo hecho. Se presenta con informes psicológicos de parte, diagnósticos sospechosamente alineados con sus peticiones, historiales escolares seleccionados, capturas de WhatsApp editadas. Su obsesión con el control se traduce en pruebas cuidadosamente filtradas. Y cuando no existen, se fabrican versiones.

Muchos psicólogos y mediadores caen en la trampa por exceso de confianza en su olfato profesional. Pero el psicópata invisible no se detecta por lo que hace, sino por lo que consigue evitar. Nunca explota en público, y nunca contradice abiertamente. Solo se limita a guiar al evaluador con frases como «Usted es el experto, pero creo que esto puede interesarle». La manipulación sutil se convierte en método. De hecho, es método.

Y si el profesional titubea, ahí está el informe complementario, el testigo «imparcial» (que resulta ser una expareja anterior bien trabajada), o incluso los dibujos de los niños interpretados por un «experto en dinámica familiar». Todo sirve, siempre que apunte a lo mismo: deslegitimar al otro sin ensuciarse las manos.

La construcción del relato
(víctima de una víctima)

En los casos más sofisticados, el psicópata incluso adopta el rol de víctima de una persona «emocionalmente inestable». Puede afirmar, sin pestañear, que ha vivido una relación con alguien controlador, agresivo o manipulador. Y lo hace con la voz entrecortada y los silencios ensayados de quien ha sufrido de verdad.

¿La paradoja? Que muchas veces la víctima real es la acusada de violencia psicológica. Porque el psicópata sabe que denunciar primero es una ventaja, y sabe a la perfección que parecer calmado ante una crisis emocional te da puntos. Y también sabe que la rabia justificada de la víctima puede ser utilizada en su contra como prueba de inestabilidad.

En muchos procesos de divorcio conflictivos o procedimientos de custodia, he visto que se produce un fenómeno recurrente: la persona que grita, llora o se desborda pierde credibilidad frente a la que mantiene la calma. Pero cuando la calma es fingida y la emoción real, los jueces, mediadores o peritos pueden equivocarse estrepitosamente.

El testimonio que nunca llega a portada

Hay historias que jamás se cuentan en televisión; madres que pierden la custodia tras años de dedicación, padres que son excluidos con acusaciones veladas. Hijos que acaban en manos de quien mejor disimula. ¿Por qué? Porque los psicópatas invisibles no despiertan alarma. No hay sangre, no hay gritos, no hay titular.

Muchos profesionales del ámbito judicial no están entrenados para detectar estas dinámicas. La ley les exige imparcialidad, pero no les proporciona herramientas para reconocer el *gaslighting* o la manipulación emocional sofisticada. Y las víctimas, a menudo mujeres, pero no siempre, acaban aisladas, con su discurso deslegitimado y su historia archivada.

El sistema no tiene margen para el matiz, y eso el psicópata lo sabe. Por eso se mueve como pez en el agua entre plazos, autos y medidas cautelares. Cada paso que da está pensado para desgastar al otro, pero, eso sí, siempre revestido de legalidad.

De hecho, el psicópata ejemplar nunca ha sido denunciado. No hay antecedentes, tampoco hay episodios registrados. Y si los hay, han sido cuidadosamente neutralizados. Sabe que la imagen lo es todo, y por eso se asegura de tener un perfil público intachable: profesional respetado, vecino correcto, padre comprometido. Y si en el proceso alguien empieza a sospechar, tiene siempre una frase lista para la ocasión «Parece que está proyectando en mí lo que le pasa a ella».

Porque en esta batalla, lo importante no es ser justo. Es parecerlo.

Cuando el sistema se convierte en aliado sin saberlo

Hay algo especialmente cruel en esta dinámica: el aparato legal, diseñado para proteger a los más vulnerables, puede ser usado en su contra. Y muchas veces, tal vez demasiadas, lo será.

El psicópata invisible entiende las reglas y las utiliza como armadura. Cita jurisprudencia, habla de corresponsabilidad, exige evaluaciones psicológicas... todo en nombre del «bien superior del menor».

Pero lo que en realidad busca es el control. No sobre el niño, sino sobre el otro progenitor. Porque tener la custodia, decidir los horarios, marcar los días... le permite seguir ejerciendo poder incluso después de la ruptura.

Y cuando el otro se queja, cuando denuncia, cuando intenta visibilizar lo que ocurre, todo parece una venganza personal. El psicópata entonces se victimiza aún más. Y el ciclo se perpetúa.

¿Qué hacer cuando la ley no ve?

La respuesta corta: no es fácil. Pero tampoco imposible. Existen ya jueces, peritos y equipos técnicos más sensibles a estas dinámicas. Profesionales que han entendido que el control no siempre grita y que la violencia no siempre deja marca. Que han aprendido a mirar más allá del tono de voz, a leer entre líneas, a detectar inconsistencias en los relatos perfectos.

Pero aún queda mucho por hacer. Y mientras tanto, hay víctimas atrapadas en procesos kafkianos, donde decir la verdad no basta. Donde lo emocional no se mide. Donde lo que no encaja en una casilla no se tiene en cuenta.

Este capítulo, como te decía, no es solo una descripción, es un acto de reconocimiento en sí mismo. Reconocimiento a todas esas personas que han sido arrasadas en silencio por alguien que supo jugar sus cartas en el momento justo. Personas que ganaron todas las batallas legales, pero perdieron la paz.

Y también es una advertencia, porque el psicópata invisible no necesita violencia explícita para dejarte sin nada. Le basta con convencer al sistema de que tú eres el problema. Y eso, cuando ocurre, duele más que cualquier golpe.

La protección no siempre es amor, tengamos eso claro. A veces es control disfrazado de cuidado, vigilancia camuflada de preocupación, dependencia fabricada con la sonrisa del que dice «Yo solo quiero lo mejor para ti». Es una trampa elegante, sutil, y profundamente perversa. El psicópata protector no necesita gritar. No impone, al menos no al principio. Se ofrece, se anticipa, se convierte en indispensable. Y cuando ya lo ha conseguido, cuando tú crees que no puedes dar un paso sin su consejo, su presencia o su bendición, entonces te posee. Porque lo que protege, se lo apropia.

He visto de cerca a estos depredadores de la estabilidad emocional. Algunos —muchos—, incluso parecen adorables. Son esa pareja que siempre está pendiente de ti, que te recuerda que conduzcas con cuidado, que no hables con desconocidos, que no confíes en nadie más. Son ese padre que te cuida tanto que nunca te deja salir, o esa madre que se desvive por ti hasta convertirte en su rehén emocional. El truco es siempre el mismo: convertir la preocupación en una jaula de oro. Y luego tirar la llave, claro.

Hay quien confunde la posesión con el apego. Hay quien cree que quien te cela es quien más te quiere, pero el psicópata protector no ama, vigila; no te acompaña, te invade. Y, no respeta, te condiciona, te observa, te analiza, detecta tus puntos débiles y se instala justo ahí, en ese lugar donde tú necesitas afecto, contención o guía. Se instala para quedarse.

PARTE III.
EN LA OFICINA Y EN EL PODER
Escalar pisando caras

17. El jefe del infierno. Cuando tu ascenso depende de pisar cadáveres

No siempre se disfraza de lobo, a veces lleva traje, se afeita cada mañana y sonríe en las reuniones de equipo. Se muestra encantador con los superiores, inspirador con los accionistas y cortés —pero justo lo suficiente— con los empleados. Es ese tipo que parece haber nacido para liderar, porque siempre brilla... impone. Se le nota la ambición en la mirada, y todo el mundo en la oficina sabe que es mejor tenerlo como aliado que como rival. Lo que no todos saben —o no quieren ver— es que esa persona no solo juega para ganar. Esa persona juega para que tú pierdas.

El psicópata corporativo no es una caricatura, no grita por los pasillos, no lanza grapadoras ni estampa tazas contra la pared. Su violencia es mucho más refinada, hace que alguien pierda el trabajo sin necesidad de levantar la voz, solo con un informe sesgado, una sugerencia a tiempo o una mirada que deja claro quién manda aquí. Es maestro en el arte de conservar poder y expandirlo, aunque para ello tenga que reescribir la historia en tiempo real, traicionar a sus propios mentores o diluir cualquier rastro de humanidad en la toma de decisiones.

Puede parecer una exageración, pero no lo es. Hay estudios serios —como los del psicólogo industrial Paul Babiak, que trabajó junto a Robert Hare— que advierten que el entorno corporativo, especialmente en sectores de alta competitividad, actúa como un imán para personas con rasgos psicopáticos. Porque allí, la falta de empatía no solo no se penaliza, sino que se premia si va envuelta en resultados. Porque allí, el carisma importa más que la ética. Y porque allí, los valores se negocian.

Por mi parte, he visto a varios en acción. Uno de ellos —lo llamaremos X, porque aún está muy bien posicionado y no me apetece recibir una carta de su despacho legal— dirigía una gran empresa de comunicación. Sabía exactamente cómo construir un personaje para cada interlocutor; el visionario para los inversores, el amigo cercano para los creativos, el padre exigente para los jefes de departamento. Pero detrás de esa versatilidad se escondía un hombre incapaz de sentir culpa, dispuesto a destruir la carrera de cualquiera si eso implicaba una mejora en su bonus anual.

Recuerdo a una compañera brillante, joven, leal, que cometió el error de hacerle sombra. Bastó un mes para que empezaran a llegarle comentarios ambiguos sobre su desempeño, acusaciones veladas de deslealtad y, finalmente, una «reestructuración necesaria» que la dejó fuera. Sin una explicación formal, sin una oportunidad de réplica. Como si nunca hubiera existido.

Así operan. No necesitan justificar el daño porque el daño es parte del juego.

El caso Enron es uno de los ejemplos más citados de cómo los psicópatas corporativos no solo escalan, sino que arrastran al abismo a miles. Jeffrey Skilling y Kenneth Lay, los cerebros tras una de las mayores estafas financieras del siglo XX, construyeron un imperio basado en manipulación contable, culto al líder y una cultura del miedo donde nadie se atrevía a cuestionar nada.

Skilling, especialmente, reunía muchos de los rasgos clásicos del psicópata corporativo: brillante, seductor, narcisista, incapaz de aceptar límites. Había instaurado el sistema de «*ranking* forzado», donde los empleados eran clasificados cada año del uno al cinco, y aquellos que quedaban en el escalón más bajo eran automáticamente despedidos. Un sistema despiadado que, según él, incentivaba la excelencia. En realidad, fomentaba la paranoia, el sabotaje entre compañeros y una sumisión absoluta a la jerarquía. En Enron no sobrevivía el más competente, sobrevivía el más útil para la estructura de poder.

Ese modelo no solo llevó a la empresa al colapso. También arruinó las vidas de miles de empleados, accionistas y familias. Pero mientras todo eso sucedía, Skilling y Lay se embolsaban millones. Porque, para ellos, el daño colateral no era un problema. Eso era una consecuencia inevitable del éxito.

Si eso no es psicopatía adaptativa, ¿qué lo es?

Lo inquietante es que estos perfiles, lejos de ser marginales, son cada vez más comunes en ciertas culturas empresariales. Especialmente en aquellas que glorifican el resultado por encima del proceso. El discurso de «los ganadores no se detienen» ha mutado a «los ganadores no sienten». Y eso abre la puerta a los que mejor fingen.

Porque no nos engañemos, muchos de estos psicópatas de despacho saben perfectamente qué emociones se espera que muestren. Lo han aprendido observando. Saben cuándo simular empatía, cuándo hacer una pausa dramática, cuándo lanzar una frase inspiradora que parezca sincera. Pero no sienten lo que dicen. Solo ejecutan un guion bien estructurado.

Un ejemplo que suele mencionarse, con cierta cautela, es el de Steve Jobs. Nadie duda de su genialidad, y nadie niega su legado. Pero también están documentados —no por tabloides, sino por sus propios colaboradores y biógrafos— sus episodios de crueldad, manipulación emocional y desprecio sistemático por las personas que no cumplían sus estándares.

Jobs podía humillar a un empleado en público por una mínima desviación, negar la paternidad de su hija durante años y despedir sin pestañear a quienes consideraba prescindibles, aunque hubieran dado años de su vida a Apple. ¿Era un psicópata? No podemos afirmarlo sin un buen estudio. Pero muchos de sus comportamientos encajan en el perfil del psicópata empresarial: carismático, narcisista, brillante y emocionalmente letal.

Y lo que es aún más preocupante, ese estilo se convirtió en modelo a seguir.

¿Cuántos líderes empresariales han adoptado la pose del visionario implacable, del genio maldito, justificando la falta de empatía como una consecuencia inevitable del éxito? ¿Cuántas veces se confunde el maltrato con exigencia, el abuso con presión por resultados, la frialdad con liderazgo?

Hay una delgada línea entre la excelencia y la tiranía. Y muchos la cruzan sin consecuencias.

Otra figura que suele citarse, esta vez en el mundo financiero, es Bernie Madoff. No solo diseñó una estafa piramidal colosal durante décadas sin ser detectado. Lo hizo mientras mantenía una imagen pública impoluta: presidente del Nasdaq, filántropo, patriarca.

Madoff no era un estafador cualquiera. Madoff era un manipulador social de élite. Sabía crear confianza, proyectar estabilidad, envolver a sus víctimas —y no eran pocos— en una red de aparente normalidad. Cuando se descubrió la magnitud de su fraude, muchos no podían creerlo. No porque no tuvieran datos, sino porque no encajaba con la imagen que se habían construido de él.

Ese es el poder del psicópata invisible, que no se ajusta a los clichés.

No es oscuro, ni tosco, ni obvio. Es encantador, sofisticado, razonable. Sabe qué decir. Sabe cuándo llorar. Y por eso, nadie sospecha. Hasta que es demasiado tarde.

No todos los psicópatas corporativos alcanzan la notoriedad de un Jobs o un Madoff. De hecho, la mayoría vive en posiciones de poder medio o alto dentro de estructuras empresariales complejas, donde el control emocional, la falta de escrúpulos y la habilidad para manipular se camuflan bajo el traje de la eficiencia.

Son jefes que arruinan carreras con una sonrisa, que se apropian de ideas ajenas, que enfrentan equipos por diversión o por estrategia, que castigan la disidencia con despidos elegantes, que convierten la oficina en un campo de minas, donde cada paso requiere calcular si tu jefe está hoy en modo aliado o en modo verdugo.

Y lo más escalofriante es que no siempre violan las normas. Al contrario, muchas veces se escudan en ellas. Usan el reglamento como arma, la burocracia como cortina de humo y el lenguaje empresarial como escudo ético. No son monstruos, son profesionales impecables. Y por eso son tan peligrosos.

¿Cómo detectar a uno?

Hay señales. No infalibles, pero sí orientadoras.

EL JEFE PSICOPÁTICO:

Cambia de actitud bruscamente sin razón aparente.
Es encantador con sus superiores y despiadado con sus subordinados.
No acepta críticas, pero simula autocrítica cuando le conviene.
Divide al equipo para mantener el control.
Toma decisiones que afectan gravemente a otros sin mostrar remordimiento.
Usa el lenguaje emocional solo como herramienta persuasiva, no como canal genuino.

No todo jefe exigente es un psicópata, eso está claro. No todo líder frío es peligroso. Pero cuando te sientes constantemente en tensión, cuando el miedo sustituye al respeto, cuando tu autoestima se desploma en proporción directa a tu rendimiento, es hora de mirar más de cerca.

Y si en algún momento te preguntas si eres tú quien está exagerando, si dudas de tus propias percepciones, si te descubres justificando comportamientos que en cualquier otro contexto considerarías inaceptables, entonces, quizá, estás demasiado cerca del fuego. O directamente, en el infierno.

Y si alguna vez asciendes y tienes poder, no olvides lo vivido. No repitas el patrón, no creas que el liderazgo exige frialdad. No confundas autoridad con abuso.

El psicópata invisible no es solo el que te hace daño. Es también el que, después de sobrevivir, elige convertirse en él.

SOBREVIVIR A UN JEFE PSICÓPATA

---

1. No intentes cambiarle. No puedes.

La tentación de «hacerle ver» cómo te afecta su comportamiento es humana, incluso lógica, pero del todo ineficaz. Un jefe con rasgos psicopáticos no tiene interés en cambiar, y si lo tiene, es solo como teatro para reforzar su control. Pedirle empatía es como pedirle tacto a una bomba.

Puede que en algún momento muestre una falsa cercanía. Incluso puede que, después de un episodio especialmente cruel, tenga un gesto «amable». No te confundas. No es un acercamiento sincero. Es una técnica de control. Se llama «refuerzo intermitente»: la alternancia de castigo y gratificación que crea adicción psicológica.

2. Documenta todo. Absolutamente todo.

No por paranoia, sino por estrategia. Guarda correos, anota fechas. Si hay testigos, mejor. Si hay decisiones que te perjudican, pide confirmación por escrito. No se trata de ir con miedo, sino de proteger tu memoria. Porque cuando te manipulan emocionalmente, lo primero que se debilita es tu capacidad de recordar con claridad lo que ha pasado.

Y créeme, llegará un momento en el que dudarás de ti. Por eso necesitas pruebas. Pruebas tangibles, frías. Que te recuerden que no es tu percepción la que falla, que es la realidad la que está distorsionada por él.

3. Crea alianzas sin contar tu drama.

Sí, necesitas aliados. Pero no confundas la búsqueda de apoyo con el desahogo emocional indiscriminado. En entornos dominados por un jefe psicopático, hay siempre una red de miedo, sumisión y oportunismo. Habla lo justo. Observa quién está en tu misma situación. Establece conexiones con otras personas que también han notado algo, pero sin caer en la queja crónica. Los lamentos no convencen, la coherencia sí.

Recuerda, no estás construyendo un frente, sino una red de supervivencia.

4. Sé impecable… pero sin regalar tu alma.

Este es el equilibrio más difícil. Si decides quedarte —por necesidad económica, por estrategia o porque estás preparando tu salida—, tienes que ser profesional. Haz bien tu trabajo, cumple plazos. Sé respetuosa, pero no entregues tu dignidad. No sonrías cuando sientes rabia, no te disculpes por sentirte maltratada y no aplaudas lo que te duele.

Puede que tengas que fingir, pero no te olvides de que estás fingiendo. No normalices el abuso.

5. Planea tu salida como si prepararas un escape. Porque lo es.

No te lo digo a la ligera. Salir de una relación laboral con un jefe psicópata no es solo cambiar de empleo. Es reconstruirte, es recuperar la confianza, es recordar quién eras antes de adaptarte a un sistema tóxico.

No te culpes si no puedes irte hoy. No hay que irse a lo loco. Hay facturas, hipotecas, hijos, miedos. Pero puedes prepararlo. Puedes formarte, buscar alternativas, reforzar tu red, aumentar tu autoestima. Y sobre todo, no olvidar nunca que te vas a ir.

Eso ya es poder.

18. Lobos en el poder

Hay algo profundamente inquietante en la capacidad que tienen ciertos líderes para convencer a millones, mientras por
dentro solo escuchan su propia voz. No sienten culpa. No sienten empatía. Pero dominan el lenguaje de la emoción colectiva. No creen en nada, salvo en su permanencia. Y lo logran.
Porque donde otros ven límites, ellos solo ven obstáculos que
hay que eliminar.

El poder político, a lo largo de la historia, ha sido un imán
para los psicópatas invisibles. Y no porque todos los políticos
lo sean, claro, sino porque el sistema es el escenario perfecto
para su tipo de inteligencia. Una inteligencia maquiavélica, fría
y estratégica. Imperturbable.

PSICOPATÍA Y LA MANIPULACIÓN EN LA POLÍTICA

Imagina estar en un país donde la política se convierte en una
batalla emocional constante. Un escenario donde las emociones, los miedos y las expectativas son la base sobre la que
se construye cada estrategia, cada discurso y cada campaña.
Los psicópatas políticos tienen un dominio absoluto sobre estos
factores, pues saben cómo usar las emociones humanas más
profundas para ganar apoyo. La política no es solo un campo

de debate intelectual, es un campo de batalla emocional, y aquí los psicópatas no tienen rival.

Cualquiera que haya observado el comportamiento de líderes políticos que se han mantenido en el poder durante décadas sabe que la psicopatía tiene una forma peculiar de adaptarse a los cambios sociopolíticos. Los psicópatas no solo manipulan a sus seguidores, sino que también saben cómo ajustar su discurso a las circunstancias.

Siguiendo con este patrón, los psicópatas políticos son camaleónicos. Lo que de verdad les importa es mantener el control, y para conseguirlo están dispuestos a hacer lo que sea necesario para seguir en el poder, incluso si eso significa adoptar diferentes máscaras según el contexto.

Un ejemplo claro de esta adaptación es Adolf Hitler, quien, en su ascenso al poder, no solo explotó el miedo de la gente a la derrota tras la Primera Guerra Mundial, sino que también jugó con las emociones de un pueblo humillado, ofreciéndoles una nueva identidad nacional basada en el odio y la exclusión.

Con esto, quiero decir que Hitler sabía perfectamente cómo manipular el resentimiento, la pobreza y el miedo de los alemanes, canalizándolos hacia un enemigo común, los judíos y otras minorías. Su psicopatía se evidenció en su capacidad para dirigir una nación entera hacia la destrucción, creando una narrativa de «renacimiento» que finalmente se tradujo en el horror más absoluto. La manipulación de las emociones y la construcción de un enemigo es, sin duda, una de las tácticas más comunes que los psicópatas políticos utilizan.

Psicopatía y la creación de realidades alternativas

Supón por un momento cómo sería vivir en un mundo donde lo que ves, escuchas y sientes no es la realidad, sino una versión construida por quienes tienen el poder. Los psicópatas políticos se especializan en crear estas realidades alternativas, donde lo que dicen es lo único que importa, y todo lo demás es una mentira, una «falsedad creada por los enemigos». En cambio, lo que esto produce es un aislamiento completo de la sociedad, donde los individuos comienzan a desconfiar de todo lo que no provenga de la figura de autoridad que lidera. Este fenómeno no solo da lugar a una propaganda efectiva, sino que también destruye la capacidad crítica de la población.

Los psicópatas en el poder, al construir una realidad paralela, crean un círculo cerrado de lealtad, y los medios de comunicación son una de las principales herramientas en este proceso. Podemos ver ejemplos recientes de cómo los psicópatas políticos en países como Rusia, bajo el liderazgo de Vladimir Putin, utilizan los medios estatales no solo para controlar la información, sino para crear una narrativa en la que todo lo que venga de Occidente es considerado un ataque a la soberanía del país. En este sentido, la manipulación no se trata solo de distorsionar hechos, sino de crear una estructura de pensamiento donde todo lo «ajeno» sea percibido como un enemigo a vencer.

Siguiendo con este enfoque, podemos observar cómo, en democracias más establecidas, como la de Estados Unidos o el Reino Unido, los psicópatas políticos también manipulan la información para crear divisiones dentro de la sociedad. Si bien, lo hacen de una manera más sofisticada, aprovechándose de las tecnologías digitales y las redes sociales para crear cámaras de eco, donde solo circulan las ideas y noticias que refuerzan la narrativa del líder. Los psicópatas en el poder conocen muy bien cómo funciona el algoritmo de la desinformación, y utilizan las redes sociales para difundir ideas que, a pesar de ser falsas, logran calar hondo en los seguidores.

La psicopatía como herramienta de polarización política

Si has seguido los recientes procesos electorales en países como Brasil o Hungría, has podido ver cómo los psicópatas políticos se especializan en la polarización. En lugar de buscar consensos, los líderes psicópatas crean una división profunda en la sociedad, donde no hay espacio para la mediocridad o el compromiso. Si no estás con ellos, estás en el otro bando. Podemos ver que esta polarización es una táctica deliberada para generar un enfrentamiento constante, que mantiene al público en un estado de constante tensión, sin que tenga tiempo de pensar de manera racional.

En Brasil, Jair Bolsonaro utilizó el discurso polarizador para dividir al país entre los que eran «patriotas» y los «enemigos de la patria». La retórica de Bolsonaro alimentó las tensiones políticas y sociales, convirtiendo a su oposición en un objetivo, mientras él mantenía una imagen de líder salvador. Los psicópatas políticos entienden que, cuanto más fragmentada esté una sociedad, más fácil es dominarla. La polarización hace que las personas dejen de ver a los demás como iguales, y en su lugar, los vean como «traidores» o «enemigos».

Finalmente, esta estrategia de división no solo beneficia al psicópata político en el corto plazo, sino que crea un ciclo de violencia y odio que puede durar generaciones. La «guerra cultural» que algunos líderes políticos promueven no es más que una herramienta para consolidar el poder, mientras destruyen los puentes de comunicación entre diferentes facciones de la sociedad. Sin embargo, lo que queda al final es una nación rota, donde la confianza en las instituciones democráticas se pierde y la gente se ve obligada a elegir entre lealtades extremas.

La psicopatía política y su impacto en la democracia

Piensa lo que ocurre cuando una democracia comienza a ceder ante la manipulación de los psicópatas políticos. Las instituciones democráticas están diseñadas para garantizar que el poder no recaiga en una sola persona, pero los psicópatas son expertos en erosionar estas estructuras desde adentro. Al principio, el proceso parece lento, casi imperceptible. Pero con el tiempo, un sistema de controles y balances se ve reemplazado por una concentración de poder, y la democracia comienza a decaer.

En cambio, la manipulación psicopática no solo afecta a los líderes, sino que también contagia a la sociedad. La manipulación de la verdad, la polarización y la creación de enemigos externos son tácticas que, aunque puedan parecer efectivas en un principio, destruyen la capacidad de una sociedad para funcionar de manera coherente y unida. Digo que, a largo plazo, los psicópatas en el poder logran minar la confianza en las instituciones democráticas, debilitando el sistema político y dejando a la población vulnerable a futuras manipulaciones.

Y es que un psicópata integrado no necesita violencia. Le basta con una sonrisa estudiada, un discurso eficaz y una absoluta indiferencia ante el daño colateral. Puede destruir reputaciones, vidas, países enteros… sin pestañear… Y sin que le tiemble la voz en el Parlamento.

Uno de los ejemplos más elocuentes —y cuidadosamente omitidos en debates serios— es el uso de la «empatía performativa». Esa capacidad para emocionarse en directo, para abrazar a una víctima ante las cámaras, para llorar en una rueda de prensa… y luego, en privado, recortar fondos, despedir equipos de ayuda, firmar decretos sin mirarlos. Y dormir como un lirón. No hay disonancia, no hay ni una pizca de remordimiento. Solo cálculo.

Políticos así existen. Emmanuel Macron ha sido descrito por algunos de sus excolaboradores como un seductor frío, capaz de cambiar de postura sin pestañear si eso le asegura votos o poder. No son diagnósticos médicos, ni pretendemos hacerlos. Pero algunos de sus comportamientos —distancia emocional, control absoluto del relato, capacidad para sacrificar a su círculo más cercano sin inmutarse— resultan, cuanto menos, llamativos.

Otros nombres históricos resultan aún más evidentes. Stalin, que podía firmar sentencias de muerte por la mañana y asistir a una función de ballet por la noche. Políticos como Idi Amin, que combinaban el espectáculo público con el terror privado. Y en el mundo occidental, figuras como Richard Nixon, cuyo caso se estudia aún hoy por su falta de remordimiento ante abusos de poder y su extraordinaria capacidad para manipular al entorno.

Por ejemplo, durante la pandemia de la COVID-19, pudimos ver cómo ciertos líderes gestionaban el miedo con una mezcla de paternalismo autoritario y *marketing* emocional. Se decretaban confinamientos masivos con ruedas de prensa medidas al milímetro, mientras se ocultaban datos, se improvisaban normas y se castigaba la disidencia con una rapidez inquietante. Incluso, algunos —muchos— aprovecharon para fortalecer su poder, centralizar decisiones, colocar a los suyos y reforzar una narrativa de héroe nacional. Todo mientras morían miles. Sin un gesto de duda.

Recuerda el impacto psicológico que tuvo —y muchas personas aún arrastran— la pandemia global; las calles vacías, el miedo a la enfermedad, la amenaza a la vida cotidiana. En estos momentos de vulnerabilidad, las personas buscan —buscamos— respuestas rápidas, soluciones inmediatas y un líder que les guíe. Los psicópatas, con su magnetismo y carisma, se presentan como los salvadores perfectos, capaces de dar a la gente lo que necesita: un enemigo común, una causa clara y la promesa de restaurar el orden.

Siguiendo con este patrón, los psicópatas políticos no solo se beneficiaron de la crisis, sino que la amplificaron, aprovechando el miedo generalizado para crear una narrativa de caos y peligro en la que solo ellos tienen la solución.

La campaña de vacunación, por otro lado, sirvió de escaparate para discursos grandilocuentes, pero también para silencios elocuentes. Cuando hubo escasez, nadie dio explicaciones claras, cuando hubo efectos adversos, se minimizaron o se negaron. ¿Qué mejor ejemplo de frialdad estratégica que jugar con la confianza pública como si fuera una partida de ajedrez?

Más cerca, en la DANA que arrasó parte de Valencia y Murcia, vimos un patrón similar: visitas relámpago para la foto, declaraciones grandilocuentes sobre la resiliencia del pueblo y, después, silencio institucional. Pasadas las cámaras, las ayudas tardaron en llegar o no llegaron nunca. Las víctimas fueron olvidadas en cuanto dejaron de ser rentables electoralmente. Un psicópata no necesita desentenderse de todo, solo de lo que no le da rédito.

El poder político es uno de los pocos espacios donde se puede mentir de forma sistemática y salir reforzado. Donde la coherencia es prescindible. Donde el uso instrumental del otro es premiado. ¿Y qué rasgo define a un psicópata integrado? Justo eso, usar a los demás como objetos para su beneficio, sin que eso les cause el más mínimo conflicto.

Tienen carisma, tienen discurso, y tienen algo más, una resistencia absoluta a la vergüenza. Pueden ser pillados en una mentira, desmontados públicamente, y seguir adelante como si nada. Lo niegan, o se victimizan, y después acusan al mensajero. Redoblan la apuesta. No sienten que deben nada a nadie, porque, en su mundo, ellos son la medida de todo.

En este punto alguien puede pensar ¿y qué pasa con los asesores, los partidos, los frenos institucionales? ¿No hay mecanismos para contener esto?

Sí. Y no.

Porque estos perfiles seducen a sus entornos. Captan fieles, y premian a quien calla. Castigan con frialdad a quien se atreve a cuestionarlos. Y, lo más inquietante, muchos de sus colaboradores los admiran, porque confunden crueldad con determinación, porque creen que la frialdad es sinónimo de eficacia, porque, en el fondo, también quieren tocar poder y saben que, junto a ellos, aunque sea en la sombra, podrán hacerlo.

Los ejemplos históricos están ahí: líderes con una capacidad devastadora para seducir a las masas mientras firmaban sentencias de muerte. O acuerdos que dejaban a miles fuera del sistema, o leyes que devastaban comunidades enteras. Y nadie parpadeaba. Porque hablaban bien, porque sabían jugar al juego.

En tiempos más recientes, hay figuras políticas cuya trayectoria no necesita adjetivos. Algunos líderes de democracias actuales encajan en todos los ítems de la psicopatía sin haber matado a nadie directamente. ¿Y qué? ¿Dónde está la línea? ¿Cuánto daño hace falta para que les pongamos nombre?

Piensa en ciertos presidentes que, al dejar el cargo, tienen un reguero de escándalos detrás: manipulación de datos, abuso de poder, uso privado de recursos públicos, destrucción sistemática del disidente interno. ¿Y su reacción? Ninguna. A veces hasta se presentan a la reelección. Porque saben que el votante después olvida. Porque saben que la narrativa puede reescribirse. Y porque saben que la culpa... es una emoción ajena.

¿Todos los políticos con sangre fría son psicópatas? No. Pero todos los psicópatas con ambición encuentran en la política un hábitat perfecto.

En el retrato robot del psicópata integrado está el cinismo encantador, la capacidad de manipular sin dejar huellas, la falta de remordimiento, el impulso por el poder y el uso de las personas como herramientas. ¿De verdad no se parecen a algunos líderes que has visto últimamente?

Yo no daré nombres. No quiero. Pero tú ya los tienes en la cabeza seguro.

Psicopatía y el abuso de poder

El poder, cuando cae en manos de un psicópata, puede ser devastador. Y no hablo solo de poder político, sino de cualquier tipo de control: el que ejercen sobre una comunidad, sobre un grupo o incluso sobre individuos. La psicopatía tiene una habilidad única para navegar en sistemas de poder donde el control es clave. La falta de remordimientos, la indiferencia ante el sufrimiento ajeno y la manipulación de los demás son herramientas ideales para ascender.

¿Has notado cómo ciertas figuras de poder parecen tener una habilidad casi sobrenatural para conectar con las emociones de los demás, solo para usarlas en su beneficio? Los psicópatas saben exactamente cómo hacerlo, porque ellos no sienten compasión, pero sí son extremadamente buenos en simularla, a veces mejor que la gente que realmente la siente. En el fondo, los psicópatas entienden cómo funcionan las emociones humanas, pero las utilizan para alimentar sus propios intereses. Y eso es lo que les da una ventaja decisiva.

No es que los psicópatas sean necesariamente más inteligentes que el resto, es que entienden cómo manejar el juego de poder. Y el poder, en muchas de las sociedades antiguas y modernas, se construye sobre el miedo, la lealtad y la manipulación. La historia está llena de ejemplos de personas que han logrado el control absoluto de naciones o movimientos, todo gracias a su habilidad para manipular y corromper el sistema a su favor. Piensa en esos dictadores que han gobernado con puño de hierro, o en los líderes religiosos que, en nombre de Dios, han sometido a millones de personas.

Este tipo de manipulación no es algo que se limite solo a épocas pasadas, porque los psicópatas en el poder de hoy siguen utilizando las mismas tácticas. La única diferencia es que ahora tenemos más herramientas para visibilizarlo, aunque eso no siempre lo hace más fácil de combatir.

Los psicópatas hoy, en el siglo XXI, se infiltran en todos los rincones de la sociedad, desde la política, hasta el entretenimiento, pasando por el ámbito empresarial. Se sirven de las redes sociales, los medios de comunicación y las nuevas tecnologías para consolidar su poder y manipular a las masas. Y lo hacen de manera tan efectiva que, a menudo, no vemos que nos están manejando a su antojo hasta que ya es demasiado tarde.

El psicópata y la economía del engaño

El control económico es otra área en la que los psicópatas han encontrado terreno fértil. Los psicópatas, al carecer de empatía, no sienten culpa al explotar a los demás para obtener lo que desean. Las estafas, el abuso de poder en el ámbito corporativo y los fraudes financieros son algunas de las áreas donde este trastorno brilla en su máxima expresión. Si alguna vez te has preguntado cómo es posible que algunas empresas o personas puedan llevar a cabo negocios inmorales y seguir prosperando, la respuesta podría estar en los rasgos psicopáticos de los involucrados.

La economía de la mentira, el engaño y la explotación está presente en el ADN de muchos de los grandes fraudes de la historia. ¿Te suenan los nombres de los Bernard Madoff o los CEOS de grandes corporaciones que destruyeron vidas mientras se llenaban los bolsillos? La psicopatía tiene una manera muy eficiente de camuflarse en estos entornos. Un psicópata sabe cómo presentar una fachada atractiva: la promesa de grandes riquezas, la visión de un futuro mejor, una oferta irresistible. Pero una vez que el trato está hecho, lo que queda atrás es una estela de víctimas, perdedores y arruinados que nunca llegaron a entender qué sucedió.

En este tipo de contextos, los psicópatas se aprovechan de la credulidad de los demás. Se presentan como visionarios, como innovadores. A menudo, son personas carismáticas, capaces de hacer que otros crean en sus sueños, mientras que, en el fondo, solo están buscando llenar sus propios bolsillos. La capacidad de los psicópatas para controlar y jugar con las emociones ajenas les permite hacer creer a sus víctimas que están siendo parte de algo grandioso, mientras son despojados de todo lo que tienen.

Es fascinante, y aterrador al mismo tiempo, ver cómo los psicópatas han logrado hacer carrera en la economía global. Y, no es un fenómeno aislado, ni una tendencia pasajera. Los psicópatas han demostrado una y otra vez que el sistema de poder económico global puede ser su campo de juego favorito. Y las reglas del juego están a su favor: el dinero, el poder y la manipulación son sus principales armas. Mientras tanto, los demás, las víctimas de su astucia, quedan atrapados en una red de engaños que solo ellos saben cómo tejer.

La psicopatía en el ámbito laboral

Otro terreno donde los psicópatas encuentran una fuente interminable de oportunidades es el mundo laboral. En este ámbito, el poder no siempre se obtiene a través de la brutalidad o la violencia directa. Aquí, el psicópata utiliza su habilidad para controlar a sus compañeros de trabajo, para socavar la moral de su entorno y, sobre todo, para avanzar sin ninguna clase de escrúpulo. El psicópata en la oficina no es el que necesariamente grita o intimida, sino el que sabe jugar con las emociones ajenas para sacar ventaja.

En el ámbito laboral, la psicopatía puede ser una ventaja oculta. Los psicópatas son muy buenos para leer a las personas, para detectar sus puntos débiles y explotarlos en su beneficio. ¿Te has encontrado alguna vez con un colega que parece siempre estar un paso adelante, pero no puedes entender cómo lo consigue? Puede que sea alguien con rasgos psicopáticos, utilizando técnicas de manipulación emocional, creando caos y luego presentándose como el «salvador» en situaciones conflictivas. Este tipo de comportamiento, aunque no siempre visible, tiene un impacto profundo en la cultura de la empresa y en la moral de los empleados.

Y lo peor de todo es que muchas veces —casi siempre— no se detecta hasta que el daño ya está hecho. Los psicópatas laborales son astutos, saben cómo dominar y hacerse indispensables en la estructura de poder dentro de la empresa. Son los que usan a otros como escalones, los que destruyen carreras con una sonrisa, los que causan conflictos internos y luego se presentan como los únicos capaces de solucionarlos. Al final, su ascenso es meteórico, pero el precio que otros tienen que pagar por ese ascenso puede ser alto.

19. El psicópata trepa (y el infierno ajeno)

Pensemos en nuestra vida cotidiana. Todos hemos conocido a uno de ellos, a un auténtico trepa. Ese compañero que empezó saludando con una sonrisa, que parecía inofensivo, incluso servicial, y que, sin saber cómo, terminó por quedarse con tu proyecto, tu mérito y, si se lo hubieras dejado, también tu silla. Se trata del trepa clásico, el escalador profesional de peldaños y méritos ajenos. Pero hay un tipo más peligroso aún, que es el psicópata trepa. El que no solo sube a toda costa, sino que arrasa con cualquier estructura emocional, laboral o personal que se le cruce en el camino.

No necesita empujar para que caigas, le basta con seducir. No grita, encanta. Y tampoco compite, manipula. Y mientras tú intentas entender cómo tu carrera descarriló, él ya está dando una entrevista contando cómo lo logró «con esfuerzo, humildad y trabajo en equipo».

Este capítulo es para ti, que aún no sabes cómo perdiste aquella oportunidad. Y también para ti, que crees que el mérito triunfa por sí solo.

EL ARTE DE SUBIR SIN DEJAR HUELLA

Los psicópatas trepas no entran en una oficina o una red de contactos como un vendaval. Lo hacen más bien como una ligera brisa. Son amables, atentos, empáticos en apariencia. Te escuchan, te dan la razón, incluso te ofrecen ayuda. Porque necesitan saber quién eres, qué tienes que ellos puedan usar y cómo desmontarte sin que se note.

El perfil es siempre similar: seductores, buenos comunicadores, capaces de adaptarse a cada interlocutor como si fueran un espejo emocional. Detectan puntos débiles al vuelo y no precisamente para protegerlos, sino para usarlos. Saben muy bien cuándo callar, cuándo elogiar y cuándo sembrar la duda. Ellos no compiten nunca, simplemente colonizan.

Hay quienes los confunden con líderes, porque siempre logran resultados, porque no tienen miedo, y porque no pierden el tiempo dudando nunca. Pero, por supuesto, eso no es liderazgo, es instrumentalización. A sus ojos, todo es utilizable. Personas, ideas, emociones. Lo que sea.

El psicópata trepa no soporta el talento ajeno si no puede usarlo. Y si percibe que tú eres una amenaza —porque brillas, porque sabes, porque conectas—, no irá de frente. Eso sería perder su ventaja. En su lugar, empezará una campaña silenciosa con rumores sutiles, dudas sembradas en el jefe, silencios calculados en reuniones clave. No te enfrentará, te debilitará.

Y lo hará con una elegancia suprema, porque necesita que parezca que caíste solo, que fuiste conflictivo, desmotivado, emocionalmente inestable. Nada como un «Yo lo intenté, pero no se dejó ayudar» para rematar una reputación.

En ambientes competitivos, este perfil prospera con facilidad. Porque mientras tú aún estás tratando de hacer las cosas bien, él ya ha vendido tu trabajo como suyo. Y como lo hace con buena presencia, tono suave y palabras impecables, nadie sospecha.

Las secuelas del paso de un psicópata

Y, claro está, el problema no es solo que suba, es lo que deja atrás. Esos equipos rotos, empleados agotados, proyectos vacíos. Porque donde estuvo el psicópata, no queda lealtad ni cohesión. Solo miedo.

He conocido organizaciones enteras que se hundieron por haber promovido al perfil equivocado. Porque, lo que en principio parecía un ascenso brillante era, en realidad, el inicio del colapso emocional de todo un equipo. Porque cuando asciende alguien sin empatía, el mensaje es claro: aquí importa el resultado, no las personas.

Y, sin embargo, el daño es lento. Invisible al principio, puesto que este tipo de trepa sabe camuflar incluso su crueldad como «exigencia», su frialdad como «profesionalidad», y su desconexión emocional como «capacidad para tomar decisiones difíciles».

CASOS QUE NO SALIERON EN LOS TELEDIARIOS

Hay nombres que nunca oirás. Psicópatas de alta gama que no matan, pero arruinan vidas. Se trata de directivos que llevaron empresas al límite mientras ellos cobraban bonus por «eficiencia»; ejecutivos que despidieron con sonrisas *profident*, y líderes de opinión que construyeron sus carreras robando ideas a colaboradores leales.

No hace falta mirar muy lejos. Elizabeth Holmes, por ejemplo, fundadora de Theranos, se vendía como la nueva Steve Jobs. Su compañía prometía revolucionar los análisis de sangre con una simple gota. Era joven, brillante, carismática. Engatusó con su carisma a grandes inversores, manipuló a empleados, presionó a científicos. ¿El resultado? Un fraude multimillonario, carreras destruidas, vidas arrasadas por su ambición. Sonreía en cada entrevista, eso sí, nunca levantó la voz. Pero no tenía alma.

Más cerca, muchos recordarán casos de figuras públicas que ascendieron a base de plagios, manipulaciones mediáticas o silencios calculados mientras otros eran devorados. No daremos nombres aquí, pero están en los discursos vacíos, en las sonrisas congeladas, en los premios inmerecidos.

Sin embargo, parte del problema con el psicópata trepa es que su ascenso suele verse como merecido. Porque, en apariencia, cumple. Porque no se mete en líos. Porque «no da problemas». Pero el coste lo pagan otros. Él simplemente se alimenta del sistema.

El talento auténtico, el que cuestiona, el que propone, el que tiene alma, suele estorbarle. Y el sistema, si no está preparado, lo permite. Porque el sistema también se deja seducir, porque quiere resultados, quiere imagen, eficiencia. Y eso el psicópata lo sabe muy bien.

Cómo detectarlos (antes de que sea tarde)

Hay señales. Siempre las hay… aunque no siempre queremos verlas:

Señales para detectar a un psicópata

Demasiado encanto, demasiado pronto.
No es normal caer tan bien en cinco minutos. Sospecha.
Hablan mucho de valores, pero los aplican poco.
Discurso impecable, acciones frías.
Siempre saben a quién acercarse y a quién evitar.
Su mapa de poder es preciso.
Nunca se equivocan.
Y si lo hacen, es culpa de otro.

> **Van dejando un rastro de desgaste ajeno.**
>
> Gente buena que acaba mal. Talento que huye. Ambientes que se enrarecen.

Lo peligroso de esto es que, al principio, estas señales parecen la solución. Pero, cuando te das cuenta, ya son el problema.

Y SI TÚ ERES EL OBSTÁCULO...

Prepárate. Porque no va a venir a por ti de frente. Primero será amable, luego distante, y después vendrá la crítica indirecta, la desautorización silenciosa... el olvido premeditado. Y, finalmente, la aniquilación reputacional.

El psicópata trepa no necesita despedirte, puesto que le basta con hacerte irrelevante.

Si estás en medio de ese proceso, no te culpes por ser —o parecer— débil, ya que seguramente no lo eres, solo te topaste con alguien que juega con otras reglas. Alguien que no siente como tú y que no entiende el daño, porque simplemente no le importa.

Y sí, se puede sobrevivir. Pero se paga un precio. A veces emocional, a veces profesional. Porque luchar contra alguien sin alma desde la buena fe es como bailar con una sombra: tú sigues las normas, él no.

Entonces, ¿qué podemos hacer?

Para empezar, hablar de ellos. Nombrarlos. Sacarlos del terreno de lo invisible. Porque mientras creamos que son «personas difíciles» o «ambiciosas sin freno», les damos espacio. Hay que poner palabras a lo que sucede: manipulación, instrumentalización, psicopatía funcional.

Segundo, fortalecer las estructuras que protegen a los buenos. Equipos que cuidan, líderes con alma, sistemas que valoran algo más que el resultado.

Tercero, aprender a detectarlos sin culparse. Porque si caíste en sus redes, no fue porque fueras débil, fue porque eres humano, y ellos no.

Finalmente, recordar esto: no todos los que suben merecen estar arriba, y no todos los que caen hicieron algo mal.

Ten en cuenta que el psicópata trepa no construye nada duradero, son solo espejismos. Pero el daño que deja es bien real. Y si queremos organizaciones, comunidades y vidas más humanas, tendremos que empezar por mirar detrás de la sonrisa y preguntarnos: ¿qué destruyó para llegar hasta ahí?

20. Gurús, *coaches* y otros iluminados sin alma

Por un lado tenemos a los psicópatas que te gritan, te estafan, te seducen y te dirigen con un plan meticulosamente diseñado. Y luego están los otros, los que te susurran mirándote fijamente a los ojos con una sonrisa de paz, y te prometen que vas a sanar. Los que dicen que no quieren nada de ti... excepto todo.

Durante años, el psicópata se nos ha presentado con el rostro del ejecutivo sin escrúpulos, del político embaucador, del vecino encantador que luego sale en las noticias. Pero hay una nueva cepa —una variante moderna del depredador emocional— que se camufla bajo el disfraz de la conciencia, del crecimiento personal, del «aquí y ahora». No quieren tu sangre, quieren tu alma. O más aún, desean toda tu atención, tu vulnerabilidad y tu cuenta bancaria.

Esta es la historia del psicópata espiritual, del *coach* mesiánico, del gurú de salón que, sin levantar la voz, consigue dominarte desde tu propia necesidad de sentido. Y lo peor de todo es que, muchas veces, llegamos a él voluntariamente. Con las heridas abiertas. Pidiendo ayuda. Porque nadie entra en una secta —ni en una relación con un psicópata iluminado— con el cartel de «víctima» colgado del cuello. Entras buscando respuestas.

Y ellos te las dan. En forma de mantra.

La industria de la autoayuda factura miles de millones al año, y este no es un dato menor. Que exista un mercado tan enorme para venderte la promesa de ser feliz es, en sí mismo, una evidencia de que hay un dolor colectivo no resuelto. ¿Quién no quiere estar mejor? ¿Quién no ha sentido que se ha perdido en medio de una vida que no entiende? Y ahí aparecen ellos. Con su dicción pausada. Su frase de cabecera. Su *storytelling* de superación. Su curso *online*.

El gurú moderno no predica en la selva ni en un templo en el Himalaya. Está en Instagram, en TikTok, en los anuncios de YouTube. Ya no huele a incienso, huele a algoritmo matemático.

Y tiene una historia perfecta.

«Yo también estuve roto».

«Yo también me sentí solo».

«Yo también toqué fondo».

«Pero encontré la salida… y ahora quiero ayudarte a ti».

La trampa es sutil. No se impone, se ofrece. No amenaza, acompaña. Pero en el fondo, es la misma dinámica de siempre: dominación. Porque lo que venden no es solo un método, es una nueva forma de pensar, de sentir, de vivir. Una doctrina disfrazada de libertad.

Algunos lo hacen por ignorancia. Pero otros, los más peligrosos, saben exactamente lo que hacen. Y ahí entra la psicopatía.

Un psicópata no necesita pegarte para destruirte. Basta con que te convenza de que el dolor que sientes es culpa tuya. Que si sufres, es porque no vibras alto. Que si te duele, es porque no has soltado, que si no avanzas, es porque no lo deseas lo suficiente.

Este tipo de discurso convierte la fragilidad humana en una falla moral. Te responsabiliza de tu trauma. Y lo hace con flores alrededor.

En 2009, James Arthur Ray, uno de los grandes nombres del *coaching* motivacional en EE. UU., organizó una ceremonia de superación personal basada en la tradición indígena del *sweat lodge*. Murieron tres personas por asfixia y golpe de calor. Ray fue condenado por homicidio involuntario. Años después, volvió a dar charlas. A vender libros. A tener seguidores. Porque el psicópata iluminado siempre tiene una explicación. Y una nueva promesa.

Otro caso paradigmático es el de Keith Raniere, fundador de NXIVM, una supuesta escuela de desarrollo personal que acabó siendo una secta piramidal con esclavas sexuales marcadas con sus iniciales. Raniere era brillante. Seductor. Se presentaba como un pensador, un filósofo moderno, un visionario del alma. Lo condenaron a 120 años de prisión.

Osho, el maestro de la meditación que inspiró a medio mundo con frases que ahora adornan tazas de desayuno, dirigía una comuna que terminó con armas, escuchas ilegales y veneno en la comida de un pueblo entero. Literalmente.

Pero no todo ocurre en las grandes ligas de la espiritualidad. También está el gurú de barrio. El *coach* de fin de semana. La *influencer* del alma que te promete que si haces su curso te vas a transformar. Que si no puedes pagar, es porque sigues vibrando en escasez, que si algo no funciona, es porque no lo estás deseando lo suficiente.

Si bien, uno de los elementos más perversos del discurso de estos psicópatas es que invalidan cualquier crítica, y todo lo cuestionable se reinterpreta como una oportunidad para crecer. Si desconfías, es tu ego; si dudas más de la cuenta, es tu mente limitante; y, por último, si protestas, estás resistiéndote a evolucionar. Así convierten el pensamiento crítico en un defecto a superar.

He conocido personalmente a varios de estos personajes. No, no todos eran psicópatas, pero sí compartían un patrón: una fascinación por su propia voz, y una falta total de autocrítica... Una necesidad enfermiza de tener discípulos. El psicópata no quiere tanto admiración como obediencia.

Lo verdaderamente peligroso del psicópata espiritual no es que esté loco, sino que esté muy cuerdo. Que sepa exactamente cómo modular su discurso para seducirte, y que, además, utilice tu búsqueda de bienestar como herramienta para dominarte.

Y no hablamos solo de espiritualidad. También en el mundo de los negocios florecen estos personajes. El *coach* empresarial, por ejemplo, que promete llevarte al siguiente nivel si te alineas con tu propósito. El gurú de la productividad que te exige levantarte a las cinco, correr diez kilómetros y leer tres libros por semana para ser «imparable».

Algunos han construido verdaderos imperios personales vendiendo humo disfrazado de autoexigencia. Y tú, agotado, encima te sientes culpable por no estar a la altura. Es brillante. Y perverso también.

Una figura que ilustra perfectamente esta nueva figura del psicópata empático es Andrew Tate. Un *influencer* que mezcla autoayuda, masculinidad tóxica y supremacismo disfrazado de motivación. Millones de seguidores, mensajes que apelan a la debilidad masculina, a la frustración sexual, a la necesidad de poder. Tate no propone crecer. Lo que propone es dominar. Y eso, en un contexto de vulnerabilidad emocional colectiva, es dinamita.

También podríamos hablar de Teal Swan, conocida como «la gurú del suicidio». Su método incluye, entre otras cosas, imaginar tu propia muerte como forma de liberación del trauma. Varios seguidores suyos se quitaron la vida, pero ella sigue activa. Porque lo que mueve a estos perfiles no es la conciencia, es el control.

Y podríamos extendernos más. El caso de Bentinho Massaro, el supuesto maestro espiritual que organizaba retiros carísimos donde prometía conectar con seres de otras dimensiones. O del español que se hacía llamar «Chamalu» y que pedía obediencia absoluta a cambio de «sana-sanas» energéticos. Todos con un punto en común: su bienestar se nutre del vacío de los demás.

Pero ¿qué hace que un individuo se convierta en un líder carismático de una secta? En la mayoría de los casos, no se trata solo de la habilidad de atraer seguidores, sino de la administración emocional constante que mantiene a las personas atrapadas.

Imagina que te unes a un grupo que te promete un propósito más alto, que te asegura que, a través de ellos, encontrarás respuestas que el resto del mundo no tiene. Los líderes de estos cultos no solo ofrecen respuestas; te presentan un camino en el que la «salvación» está directamente vinculada a tu lealtad total hacia ellos. En cambio, lo que comienza como una búsqueda de pertenencia rápidamente se convierte en una red de control mental y emocional, donde el líder psicópata manipula cada aspecto de la vida de sus seguidores.

Un claro ejemplo de esto fue Jim Jones, quien en la década de 1970 fundó «El Templo del Pueblo». Cualquiera que haya estudiado su historia sabe que Jones no solo fue un líder religioso, fue un psicópata que utilizó su carisma para crear una comunidad de seguidores profundamente leales. La promesa de una vida mejor, una utopía de igualdad y justicia, terminó siendo una trampa mortal para 918 personas, que, bajo su influencia, terminaron cometiendo suicidio colectivo en Guyana.

Y digo que la manipulación psicológica detrás de este acto no fue accidental, sino una táctica calculada para mantener a sus seguidores bajo su control absoluto.

Cualquiera que haya estudiado cultos modernos sabe que los líderes psicópatas no solo buscan control emocional, sino también poder financiero y sexual. El caso de Keith Raniere, fundador de NXIVM, es otro ejemplo de un psicópata que, bajo el disfraz de un curso de autoayuda, explotó a miles de personas, tanto económica como sexualmente. A través de su culto, Raniere manipuló a sus seguidores para que le entregaran dinero, bienes materiales e incluso su propia autonomía. En el peor de los casos, el abuso sexual fue justificado bajo la falsa promesa de un «desarrollo personal».

¿Hay alguna diferencia entre estos personajes y un psicópata empresarial? Sí, el disfraz. El de corbata al menos no pretende salvarte el alma. Estos, en cambio, te destruyen convencidos de que te están ayudando.

Y si te atreves a irte, te preguntan: «¿Estás huyendo de tu proceso?». Mal.

La psicopatía positiva es una epidemia silenciosa. No grita, no golpea ni amenaza. Solo repite que estás en el camino correcto mientras te vacía. Y tú, agradecido, pagas el próximo módulo. Porque el verdadero problema no es que existan estos individuos, sino que hemos normalizado su discurso. Que una parte de la sociedad los considera referentes, y confundimos su carisma con sabiduría. Y, sobre todo, que hemos olvidado lo básico, y es que nadie que te haga sentir pequeño merece tu confianza.

No toda autoayuda es un fraude, por supuesto. Hay profesionales serios, comprometidos, empáticos. Pero para diferenciarlos, hay que mirar más allá del envoltorio. Un verdadero terapeuta no necesita seguidores. No cobra mil euros por una *masterclass*. No promete soluciones mágicas. No se autoproclama «iluminado». No vende tu transformación en cuotas.

El psicópata iluminado, en cambio, sí. Y lo hace con una sonrisa que te hace bajar la guardia. Con una frase que parece escrita para ti, con una promesa de futuro donde, por fin, dejarás de sufrir.

Pero no es cierto. No vas a sanar con quien necesita que sigas roto para seguir cobrando. Si de verdad quieres crecer, empieza por desconfiar de los que no admiten preguntas.

PARTE IV.
EL ESCENARIO Y LA PANTALLA
Lobos fascinantes

21. El psicópata que sonríe en televisión

No hay mayor camuflaje que una cámara, ni existe mejor disfraz que una sonrisa bien ensayada. En televisión, el psicópata invisible se convierte en estrella y no necesita esconderse. Lo adoran por lo que es, o más exactamente, por lo que aparenta ser. Porque la tele premia lo superficial, lo llamativo, lo que seduce en treinta segundos. Y ahí, el psicópata se siente como en casa. Porque no hay preguntas incómodas, no hay tiempo para matices y, sobre todo, no hay consecuencias. Solo audiencia.

Pensemos en nuestra vida cotidiana. ¿Cuántas veces hemos escuchado a alguien en la pantalla y hemos dicho: «Qué encantador», «Qué carisma», «Cómo se explica»? Y, sin embargo, algo —no sabemos qué— nos resulta incómodo, nos chirría y nos despierta una sospecha sorda. Eso es porque, en el fondo, estamos viendo un actor sin alma. Un encantador profesional que no cree en nada de lo que dice, que solo se interesa por su cuota de poder. Que no necesita empatía para triunfar. Solo un buen plano.

Y no hablo de presentadores, no hablo de tertulianos. Hablo de esa figura ambigua que puede ser entrevistado, experto, colaborador, comisario político o falso testigo. Gente que domina el medio, que entiende el tempo televisivo mejor que cualquier guionista, y que solo necesita una cosa para sobrevivir: que lo sigan llamando. Para eso, mienten sin pestañear, fingen sin culpa, y siempre sonríen... pero sin alma.

Psicopatía y el control de masas en los medios de comunicación

En el siglo XXI, los medios de comunicación se han convertido en una herramienta de poder sin precedentes. Y al igual que en otros ámbitos, los psicópatas han sabido explotar este recurso para manipular, controlar y moldear las percepciones del público. La psicopatía, en su forma más insidiosa, se infiltra en los medios de comunicación de una manera casi invisible, ejerciendo control sobre lo que se dice, cómo se dice, y, lo más importante, sobre lo que el público termina creyendo.

Un psicópata en el poder, ya sea un periodista, un productor de televisión, un director de medios o incluso un influenciador de redes sociales, no solo tiene la capacidad de transmitir información, además tiene la capacidad de diseñar la narrativa que va a moldear las mentes de millones. Y lo hace de manera tan efectiva que, en muchas ocasiones, el público no es consciente de que está siendo manipulado. La habilidad para crear una historia, para hacer que los demás crean una versión de los hechos que se ajusta a sus propios intereses, es la máxima expresión del control psicológico.

Manipulación mediática (una realidad alternativa)

Los psicópatas en los medios de comunicación no tienen que ser necesariamente los directores de grandes cadenas de televisión para tener un impacto significativo. Pueden ser los periodistas, los editores o los personajes públicos que, a través de sus plataformas, tienen la capacidad de influir en las emociones y opiniones de las personas. Piensa en las narrativas que consumimos todos los días: las noticias, los programas de entretenimiento, los debates políticos. Todo está cuidadosamente curado para que una historia específica llegue al público, y el psicópata en este contexto se convierte en el arquitecto de esa narrativa.

Un ejemplo claro de esto es el uso de los medios durante campañas electorales. Los psicópatas en el poder manipulan la información que llega a los votantes, crean conflictos artificiales, exageran las crisis y presentan a los «enemigos» como monstruos. Es una estrategia que se ha visto una y otra vez en la historia, donde los medios de comunicación son utilizados como un vehículo para generar miedo, odio y desconfianza, lo que al final beneficia a quienes están en el poder.

El ejemplo de Roger Ailes, el fundador de *Fox News*, muestra cómo un individuo en el mundo de los medios puede manipular la opinión pública para un fin personal. Ailes fue conocido por crear un ambiente en el que la información se presentaba de manera sesgada, favoreciendo una agenda política específica y utilizando tácticas de miedo para incitar a sus seguidores. A través de la creación de un «Nosotros contra ellos», Ailes y otros como él crean una realidad alternativa, en la que los hechos no importan tanto como la narrativa que se crea a su alrededor.

Pero esa operación no solo se limita a la política. Los psicópatas en los medios de comunicación también saben cómo jugar con las emociones del público, porque también son expertos en crear situaciones donde el público se ve obligado a reaccionar emocionalmente. El uso del drama, el conflicto y el sensacionalismo está pensado para obtener una respuesta visceral, lo que desencadena una cadena de reacciones que hace que la audiencia siga sintonizando, que se mantenga alerta, que vote, que compre.

Una de las tácticas más poderosas que utilizan los psicópatas en los medios es la creación de «enemigos». La narrativa en la que se construye una figura del «otro», una persona o grupo que es visto como una amenaza, es una estrategia de manipulación común en los medios. La psicopatía aquí se expresa en la creación de un enemigo común, al que se le atribuyen todos los males de la sociedad. Este enemigo es pintado como un monstruo, alguien que debe ser derrotado, y el público se une detrás de esa causa sin cuestionar si la narrativa es verdadera o no.

Un caso emblemático de esta estrategia es la demonización de ciertos grupos étnicos o políticos en los medios de comunicación, un recurso que se ha utilizado tanto en dictaduras como en democracias. Los psicópatas en el poder aprovechan el miedo a lo desconocido, alimentando el odio y la desconfianza hacia los «otros», creando así una división social que los beneficia, ya que, al dividir, pueden gobernar. Es un juego de control emocional, donde la víctima nunca sabe que está siendo manipulada.

Por otro lado, la era digital ha hecho que esta manipulación sea aún más insidiosa. La propagación de *fake news* (noticias falsas) es una herramienta de manipulación en la que los psicópatas digitales se especializan. Las noticias falsas se crean deliberadamente para distorsionar la verdad, para provocar emociones y para dividir aún más a la sociedad. Si bien, este tipo de manipulación no solo ocurre en las redes sociales, también se infiltra en los medios tradicionales. Los psicópatas en los medios ahora tienen acceso a algoritmos de redes sociales que les permiten alcanzar audiencias masivas con contenido diseñado para manipular sus emociones y opiniones.

Un ejemplo reciente de este fenómeno fue el uso de bots y cuentas falsas durante las elecciones presidenciales de 2016 en Estados Unidos, donde las redes sociales fueron utilizadas para difundir desinformación y generar polarización. Los psicópatas detrás de estas campañas no estaban interesados en ganar dinero, porque lo que querían era controlar la narrativa, manipular la opinión pública y, en última instancia, dividir a la sociedad para obtener poder.

EL CINISMO COMO VALOR DE MERCADO

Vivimos una época en la que el cinismo se ha convertido en un capital. El que más ironiza, el que menos se emociona, el que más rápido desarma al otro es el que gana. Y eso convierte al psicópata en un campeón de nuestro tiempo. Porque él no necesita sentir, le basta con parecer. Puede hablar del dolor ajeno sin que se le quiebre la voz, puede reír mientras recuerda una tragedia o, bien, puede fingir indignación sin que le tiemble el pulso. Porque todo en él es cálculo. Y ese cálculo, en televisión, funciona.

Porque la televisión no premia la verdad, lo que premia es el espectáculo. Y el psicópata sabe dar espectáculo. Sabe cuándo cortar, cuándo alzar la voz, cuándo fingir una pausa emocional. Se estudia a sí mismo, se graba, se perfecciona. Y lo hace sin ningún tipo de pudor. Porque su única preocupación es gustar, o provocar, pero nunca conectar.

De hecho, el verdadero pánico del psicópata televisivo es la conexión emocional real. Porque ahí se ve su vacío, porque no sabe sostener un vínculo auténtico, porque cuando alguien le mira con verdad, se tambalea. Por eso evita el cara a cara sincero. Prefiere el personaje, prefiere el rol y, por supuesto, prefiere la máscara.

Y es que, detrás de esa sonrisa hay una estructura psíquica hueca. Una personalidad construida en torno al reflejo y no a la sustancia. En realidad no sienten lo que dicen y no creen en lo que promueven. Pero lo repiten, lo ensayan, lo venden. Y funciona. Porque tienen una audiencia, porque alguien les sigue, y porque, como en todas las formas de poder, hay una parte de nosotros que necesita ídolos, aunque estén vacíos. Y el psicópata lo sabe.

Por eso se mimetiza con el discurso dominante, por eso mismo cambia de chaqueta sin despeinarse, por eso también hoy es progre y mañana es reaccionario, y por eso un día defiende los derechos de las mujeres y al otro justifica un abuso. Porque lo que diga no importa. Lo que realmente importa es seguir estando.

Y si hay que llorar en directo, se llora, y si hay que indignarse, se indigna, y si hay que hacerse el arrepentido, se hace. Porque el psicópata no tiene principios, tiene.

Y, entonces ¿por qué lo permitimos? Fácil, porque nos seduce. Porque nos entretiene, y porque nos evita pensar. Porque es más fácil reír con una ocurrencia que enfrentar una verdad incómoda. Y porque, al final, hay algo adictivo en ver a alguien que domina la escena, aunque sepamos que no tiene alma. Porque a menudo confundimos carisma con autenticidad y porque, en el fondo, también nosotros jugamos a no ver lo que hay. Pero hay que verlo.

Hay que aprender a distinguir al experto del farsante, al sincero del manipulador, y al profesional del encantador. Y, desde luego, eso exige tiempo, pensamiento crítico y una pizca de desconfianza. Porque la televisión no nos muestra la realidad siempre. A menudo lo que nos muestra es una representación. Y algunos representan demasiado bien.

Así que la próxima vez que alguien te encante desde la pantalla, hazte una sola pregunta: ¿me está hablando… o me está utilizando?

22. El psicópata en las redes sociales. Bienvenidos al teatro del ego

No todos los psicópatas están en la cárcel, esto ya lo estamos viendo. Algunos están en tu *timeline*. Te sonríen desde un *selfie*, te dan los buenos días con una frase inspiradora y te cuentan que han superado su última crisis «gracias a su crecimiento personal». Tienen miles de seguidores, filtros cálidos, un *branding* perfecto... y una capacidad camaleónica para adaptarse a lo que tú quieres ver. Bienvenido al teatro del ego. Aquí se representa, cada día, una función cuidadosamente ensayada, donde la empatía es impostada, el dolor es contenido de valor, y la vida privada es moneda de cambio para conseguir admiración.

Pensemos en nuestra vida cotidiana. ¿Cuántas veces hemos visto a alguien compartir su «despertar espiritual» en *stories* mientras destruye emocionalmente a quienes tiene cerca? ¿Cuántas veces hemos visto el discurso del amor propio servir de escudo para justificar comportamientos abusivos? En el mundo de las redes sociales, el psicópata integrado encuentra el escenario perfecto; la visibilidad sin responsabilidad, fama sin ningún tipo escrutinio, y control emocional sin —casi ninguna— consecuencias.

Porque en Instagram, TikTok o Twitter (sí, aún queda gente allí), la línea entre influencia y manipulación se vuelve peligrosamente delgada. Y eso el psicópata moderno lo sabe.

El psicópata integrado en redes no necesita cometer un delito. Le basta con generar un personaje. Uno que inspire, que motive, que emocione. Uno que sepa utilizar el algoritmo como si fuera una marioneta. Uno que se reinvente cuando haga falta. Y, sobre todo, uno que jamás muestre vulnerabilidad auténtica. Porque el juego es ese, parecer humano sin serlo.

Por eso abunda el contenido emocionalmente maquillado. Llanto contenido frente a cámara «Me estoy abriendo con vosotros porque confío en esta comunidad» (*spoiler*: no confía, solo estudia tu reacción, solo calibra hasta dónde puede llegar sin que lo desenmascares). Porque, si lo piensas bien, ¿qué clase de conexión real se construye entre alguien que muestra una herida y miles de desconocidos que le dan corazoncitos? No hay intimidad. Lo que hay es un espectáculo total.

Y ese espectáculo está diseñado con precisión bien estudiada; las pausas dramáticas, el uso de la música, los planos cerrados, las confesiones cronometradas. El psicópata en redes es director, guionista y protagonista de su propio *reality* emocional. Sabe cuándo llorar, cuándo motivarte, cuándo indignarse. Y todo tiene un propósito. Obviamente, que nunca mires detrás del telón.

¿Y cómo sería un psicópata invisible en Instagram? Fácil, sería brillante. Fotos bien filtradas, frases poderosas, sonrisas muy bien calculadas, historias donde siempre tiene la razón, y crisis que siempre termina superando con una fuerza envidiable. Es alguien que convierte cada día en una *performance*. Si se pelea con su pareja, publicará una reflexión sobre la importancia de los límites. Si hace daño, colgará una frase sobre la libertad emocional. Si le cierran una puerta, te hablará de resiliencia. Y si tú intentas cuestionarlo… quedarás como un *hater*. El psicópata 2.0 no necesita eliminarte, porque solo le bastará con etiquetarte como tóxico.

Pensemos en nuestra vida cotidiana. ¿Cuántas veces hemos visto a alguien que vende una versión de sí mismo que no encaja con lo que realmente es? Personas que se declaran empáticas mientras manipulan. Que se autodefinen como conscientes mientras anulan al otro. Las redes lo permiten porque todo se basa en lo aparente. Y lo aparente, para este perfil, lo es todo.

LIKES GARANTIZADOS

El psicópata *influencer* no tiene empatía real, pero ha aprendido a la perfección cómo funciona. Sabe que hablar de salud mental da *engagement*, que mostrarse «imperfecto» genera cercanía, y que contar un episodio de su pasado como víctima lo convierte, automáticamente, en alguien confiable. Así que lo hace. Reescribe su historia según lo que vende y, de pronto, se convierte en activista, en resiliente, en luchador. Pero solo de cara a la galería.

Fuera de cámara, es otra cosa. Es frío, impaciente, dominante, y especialmente despreciativo con los que no le sirven. Incluso con su equipo, si lo tiene. Y lo suele tener. Porque muchos de estos personajes no gestionan sus redes solos. Para eso tienen *community managers*, asesores de imagen, redactores de contenido. Un ejército de sombra al servicio de un ego insaciable.

Y esa distancia entre personaje público y ser humano real es abismal. Porque el psicópata en redes necesita un escenario para brillar. En la vida real no hay foco, no hay aplausos inmediatos, no hay métricas que alimenten su identidad. Por eso se esfuerza tanto en mantener la narrativa *online*. Porque sin ella, no queda nada.

De este modo, cada seguidor es una validación, y cada comentario positivo, un chute de dopamina. Pero no porque necesite amor. Lo que en realidad necesita es control. Control sobre la percepción que los demás tienen de él, control sobre la narrativa y, sobre todo, control sobre la atención. Por eso el psicópata digital no tolera el desacuerdo. Quien le discrepa, es bloqueado, quien cuestiona, es ridiculizado, y quien le señala una incoherencia, es tachado de *hater*.

Y no nos confundamos, porque el odio en redes existe y es real. Pero lo que sucede es que el psicópata no lo combate con honestidad. Lo utiliza como arma y como parte de su guion. Se victimiza estratégicamente «Estoy recibiendo muchos ataques, pero voy a seguir siendo yo». Lo dice con la voz entrecortada y lo publica con música de fondo. Después, lo convierte en contenido porque nada, absolutamente nada, escapa a su necesidad de control narrativo.

Pero el psicópata digital no se relaciona contigo, lo que hace es seducirte. Sabe a la perfección cómo parecer íntimo, cómo crear la ilusión de cercanía «Te leo siempre», «Sois mi familia», «Gracias por estar ahí». Frases genéricas que repite en bucle, que parecen auténticas, pero que en realidad no significan nada. Porque no hay vínculo, solo hay mercado.

Tu dolor, tu admiración, tu curiosidad… todo eso le sirve. Lo analiza, lo mide y lo traduce en nuevos contenidos. Si reaccionas bien a su historia de superación, te dará más. Si un vídeo polémico le trae atención, repetirá. Si una frase motivacional se viraliza, la convertirá en eslogan. Y si alguna vez decides dejar de seguirle, será como si nunca hubieras existido.

¿Te resulta familiar? Piensa en cuántos *influencers* han sido denunciados por manipulación, por plagio, por abuso… y, aun así, han seguido creciendo. Porque el personaje que han construido es tan seductor, que cuesta aceptar que detrás haya vacío. O peor, que haya alguien dispuesto a todo por mantenerse arriba.

No voy a dar nombres —aunque sí algunos perfiles reconocibles—, eso no hace falta aquí. Tú también los has visto. Sin ir más lejos, en el *coach* que pasó de vender suplementos a hablar de salud mental, o bien, en la *influencer* que usó su divorcio como campaña de *marketing*, o en el experto en «amor consciente» que cosificaba a sus parejas, o en el gurú de la productividad que vivía en *burnout* crónico y, también en el motivador que hablaba de libertad mientras esclavizaba emocionalmente a sus empleados.

Están por todas partes. Y el problema no es solo suyo, también es nuestro, porque hemos creado un sistema donde lo emocional vende, pero lo auténtico no siempre sobrevive. Porque preferimos una historia bien contada a una verdad incómoda y porque nos cuesta distinguir entre carisma y conciencia.

¿Y qué pasa con las víctimas?

Son invisibles. Porque nadie quiere escuchar a quien señala al ídolo. Si alguien se atreve a decir que ese *influencer*, activista o referente le manipuló, será cuestionado. «¿Seguro que no lo malinterpretaste?»; «Pero si siempre habla con respeto...»; «A mí me ayudó muchísimo, no puede ser así». El daño queda silenciado, el dolor, archivado, y el ciclo siempre saldrá reforzado.

Las víctimas del psicópata digital muchas veces —la mayoría— no saben que lo son. Porque no hay insultos directos. Solo omisiones, desprecios sutiles, exclusión social y una forma de invalidación emocional muy refinada: el *gaslighting* público disfrazado de buenismo.

Y, para todo este tejemaneje utiliza frases como estas. Seguro que alguna te suena:

«Las críticas siempre vienen de quien no ha sanado».

«No te tomes nada personal, todo es un reflejo».

«Si te molesta lo que digo, es porque hay algo en ti que aún no has trabajado».

Traducción nuestra: si no estás de acuerdo conmigo, el problema eres tú. No es debate, es colonización emocional. Tampoco es comunicación, es adoctrinamiento *cool*.

Finalmente, pensemos un momento en cómo esto se extiende al terreno personal. Porque no se trata solo de *influencers* con miles de seguidores. También hay psicópatas domésticos que utilizan las redes para manipular entornos cercanos. Exparejas que construyen un relato público donde aparecen como víctimas, padres que exhiben una imagen idealizada mientras ejercen control extremo en privado, o empleados que se presentan como éticos pero boicotean a compañeros.

Todo esto ocurre en silencio. Bajo los filtros. Bajo los *hashtags*. Bajo la tan venerada apariencia.

Y el problema no es solo individual. Es cultural. Vivimos en una época que premia la imagen. La autenticidad es un valor... siempre que sea fotogénica. La empatía se valora... mientras no moleste. La profundidad interesa... si cabe en una *story*. Y en este terreno, el psicópata invisible tiene ventaja. No necesita ética, solo estética.

La solución no es desconectarse. Tampoco es dejar de compartir. La solución pasa por aprender a mirar, a detectar el vacío envuelto en brillo, a desconfiar del que siempre tiene razón, a prestar mucha más atención a las víctimas, incluso si su relato no tiene tantos seguidores.

Porque la verdad, a veces, no es viral —o no debería serlo—.

Y porque el psicópata del siglo XXI no está en la sombra, está en el centro de todo. Y por eso sonríe, publica, y espera tu *like* para seguir alimentando su ego.

EL *HACKER* PSICÓPATA

No puedo olvidarme aquí de la figura del *hacker*, porque esta ha sido esencial en la cultura digital moderna, con el aumento de la ciberseguridad y las noticias sobre ataques a gran escala. Pero el *hacker* psicópata, el verdadero manipulador invisible, es el que realmente sabe cómo usar el ciberespacio para sembrar un buen caos.

Mientras que muchos *hackers* se enfocan en robar información o causar daño económico, el *hacker* psicópata tiene un objetivo mucho más siniestro: el control. Por este motivo, no se conforma con vulnerar sistemas de seguridad o robar datos, ya que su verdadera motivación es desestabilizar, crear confusión, y manipular a sus víctimas, sin necesidad de mostrarse o ser identificado. Su poder radica en su capacidad para actuar sin consecuencias inmediatas y en la invisibilidad de su ataque.

Es obvio llegar a la conclusión de que este tipo de *hacker* no busca un beneficio económico directo. No es el cibercriminal tradicional que roba información personal para venderla en el mercado negro y en las redes oscuras, no. El hacker psicópata se alimenta del poder que obtiene al controlar la información, al poner a las personas a su merced, al saber que puede destruir vidas con unos pocos clics. Esa sensación de control absoluto, de poder sobre una red, una infraestructura o una vida, es lo que realmente le impulsa. Su placer no está en la recompensa material, sino en la capacidad de generar ese caos del que hablo, de ver cómo todo lo que los demás dan por seguro se tambalea ante su intervención. Es encontrar auténtico placer en el caos.

Porque a diferencia del *hacker* común, que podría estar motivado por el dinero o por la provocación técnica, el *hacker* psicópata se alimenta —y retroalimenta— de ese desconcierto. Imagina tener la capacidad de entrar en cualquier red, en cualquier sistema, y causar estragos sin dejar huella. Este es el tipo de poder que un psicópata en el ciberespacio busca. Puede *hackear* una cuenta bancaria, robar millones de dólares, o manipular datos que cambian el curso de un proceso electoral, pero el verdadero objetivo no es el dinero, es la sensación de que, en cualquier momento, podría destruir todo lo que tiene a su alrededor, sin que nadie lo vea venir.

Una muestra palpable de esto es el caso de Stuxnet, un virus informático diseñado para destruir centrifugadoras nucleares iraníes. En este caso, el virus no estaba motivado por el robo de información, sino por el sabotaje de una infraestructura crítica, una maniobra de control y manipulación a gran escala. La forma en que Stuxnet operó, modificando los controles de las centrifugadoras sin que los operadores se dieran cuenta de lo que estaba sucediendo, es un claro ejemplo de cómo los *hackers* psicópatas pueden usar su habilidad para alterar el curso de los acontecimientos globales. En lugar de un simple ataque cibernético para robar datos, se trató de un acto deliberado para desestabilizar una nación, sin que el agresor tuviera que estar presente físicamente.

Y, en este contexto, la manipulación de la información es aún más peligrosa. Porque un *hacker* psicópata no solo roba datos, puede modificar información, crear falsedades, y distorsionar la realidad a su antojo. Piensa en un ataque a gran escala, como el que vimos en 2016 con el *hackeo* de cuentas relacionadas con las elecciones presidenciales de los Estados Unidos. Ese tipo de manipulación no solo tenía como objetivo robar información, sino cambiar el curso de un proceso democrático. En este caso, la manipulación de los medios y la distribución de contenido falso a través de redes sociales alteró la opinión pública y contribuyó a una profunda polarización social. Los *hackers*, en este asunto, se convirtieron en un jugador clave en un conflicto global, pero sin que nadie pudiera ver sus rostros o identificar sus intenciones con suficiente claridad. Y es que este tipo de manipulación puede tener un impacto mucho mayor que el «simple» robo de información personal, porque se trata de una acción a gran escala que puede cambiar la opinión pública, distorsionar la verdad y provocar caos social con consecuencias titánicas.

EL CONTROL A TRAVÉS DEL MIEDO

Una de las tácticas más comunes del *hacker* psicópata es el uso del miedo. A través de ataques cibernéticos, puede exponer vulnerabilidades de sistemas, dejar abierta una puerta para futuros ataques o incluso hacer públicos datos privados de individuos o empresas. El miedo es una herramienta poderosa porque, cuando las personas sienten que sus datos están en manos de un extraño, pierden el control sobre su privacidad, su seguridad y, en algunos casos, sobre su vida.

Pongo el ejemplo del caso de *ransomware*, donde los *hackers* secuestran los datos de empresas o gobiernos y exigen pagos para liberarlos. Este es un patrón claro de cómo los *hackers* psicópatas se aprovechan del miedo.

La extorsión digital basada en *ransomware* tiene efectos devastadores no solo en el ámbito económico, sino también en la confianza de las personas hacia las infraestructuras digitales de las que dependen. El *hacker* psicópata juega con este miedo, no solo para causar daño inmediato, sino para establecer una relación de dependencia, una sensación de inseguridad constante. Este tipo de *hacker* sabe que, una vez que siembra la semilla del miedo, la paranoia colectiva se encargará del resto.

Ahora, en la era digital, donde compartimos cada vez más detalles de nuestra vida personal en línea, las posibilidades de explotación son infinitas. Los psicópatas digitales no solo pueden *hackear* cuentas bancarias, sino también robar secretos personales, difundir rumores destructivos... Todo esto mientras permanecen invisibles, jugando con las emociones y temores de sus víctimas sin necesidad de exponerse a las consecuencias.

Por otro lado, el daño que un *hacker* psicópata puede causar no se limita a las personas que son sus víctimas directas. En verdad, el efecto de un ataque cibernético masivo puede ser devastador para toda una sociedad, incluso para toda la humanidad. Piensa en los ataques a infraestructuras críticas, como las redes eléctricas, los sistemas de salud o las bases de datos gubernamentales. Un *hacker* psicópata no solo tiene el poder de robar información, porque cuando ataca a todo un sistema, además, tiene el poder de causar un colapso social, económico o político, de proporciones inimaginables... Puede manipular los mercados financieros, hacer que las personas pierdan la confianza en las instituciones y alterar el funcionamiento de la sociedad en general. Sembrar el caos.

En 2017, el ataque de WannaCry, un *ransomware* que afectó a miles de empresas en todo el mundo, es un dato claro de cómo un *hacker* psicópata puede poner a toda una sociedad en jaque. Este ataque no solo paralizó el sistema de salud británico, sino que también afectó a empresas de todo el mundo, dejando a los gobiernos y corporaciones en una posición vulnerable y temerosa. Porque estos ataques no solo causan problemas técnicos, son actos de guerra cibernética que pueden desestabilizar economías, gobiernos y vidas enteras.

En este mundo hiperconectado, los psicópatas digitales, incluidos los *hackers*, tienen un poder impresionante. Su habilidad para destruir vidas, crear miedo y controlar el comportamiento humano está al alcance de un clic. Y, a diferencia de los psicópatas tradicionales, que dependen de la proximidad física para ejercer su influencia, el *hacker* psicópata puede hacer todo esto sin necesidad de acercarse jamás a su víctima.

CUANDO EL PSICÓPATA ERES TÚ

Sí, tú. O yo. O cualquiera. Porque las redes nos invitan, cada día, a mostrarnos solo cuando estamos bien. Nos hemos acostumbrado a editar la tristeza, a recortar la duda... a disfrazar el miedo en superación. Y en ese juego, a veces, todos participamos de algo que se parece peligrosamente a la psicopatía: desconexión emocional, manipulación estética, búsqueda obsesiva de validación.

El problema empieza cuando eso deja de ser un juego, cuando ya no sabemos si lo que mostramos es real, cuando nos empezamos a creer el personaje, cuando nos molesta más una *story* mal recibida que una conversación pendiente, cuando medimos el éxito en aplausos digitales, y cuando la caída de *likes* nos duele más que el silencio de alguien cercano.

Las redes no inventaron al psicópata, pero sí le dieron una plataforma perfecta. Las redes ofrecieron un espejo que devuelve aplausos a un público que no hace preguntas incómodas. Un sistema donde lo que importa no es cómo eres, sino cómo pareces. Y eso el psicópata lo ha entendido a la perfección antes que nadie. Por eso sonríe, por eso publica. Por eso sigue creciendo. Porque, al final, el psicópata invisible ya no necesita esconderse. Solo necesita que tú le sigas.

23. Psicópatas reales en la gran pantalla

El cine los ha convertido en iconos, en leyendas del mal, y también en personajes que nos fascinan y repelen a partes iguales. Pero la mayoría de esos psicópatas de película no se parecen tanto a los que uno puede cruzarse en el ascensor, en una junta de vecinos o en la sala de espera del pediatra. Porque el psicópata real, tal y como estamos viendo, no siempre lleva un cuchillo, ni una sonrisa congelada, ni un silencio perturbador. El psicópata real, el invisible, lleva traje, colonia cara y un discurso empático que funciona a la perfección en un *podcast*.

Sin embargo, el cine tiene su encanto. Nos permite observarlos a distancia, desde una butaca segura. Nos ofrece una narrativa cerrada, con principio y final. Y, sobre todo, nos regala esa falsa tranquilidad de pensar que los monstruos están encerrados en la pantalla. Pero ¿qué pasa cuando esa pantalla se convierte en un espejo?

El psicópata cinematográfico es un arquetipo. Es una mezcla de crueldad brillante, sangre fría y, muchas veces, una inteligencia superior. Nos lo han vendido así durante décadas. Hannibal Lecter, Patrick Bateman, Anton Chigurh, Tom Ripley. Todos ellos son inolvidables, y todos ellos también han contribuido a perpetuar una idea distorsionada de lo que es un psicópata. O, al menos, de cómo opera uno en la vida real.

Pensemos en nuestra vida cotidiana. ¿Cuántas veces has visto a alguien que encaja en el molde clásico del psicópata de película? Probablemente nunca. Pero eso no significa que no estén ahí. Solo que no han sido escritos por un guionista.

Muchos personajes de ficción han sido inspirados, aunque sea vagamente, en psicópatas reales. Thomas Harris, autor de *El silencio de los corderos*, admitió que se basó en varios criminales para construir a Hannibal Lecter. Uno de ellos fue el doctor Alfredo Ballí Treviño, un médico mexicano condenado por matar a su amante y descuartizarlo con precisión quirúrgica. Pero el personaje fue sublimado en la ficción: Lecter es culto, sofisticado, amante de la música clásica y la gastronomía refinada. Lo cual, por cierto, no tiene nada que ver con el 99 % de los psicópatas reales.

Otro ejemplo es Patrick Bateman, el *yuppie* asesino de *American Psycho*, basado en parte en Ted Bundy. Pero mientras Bundy seducía con su falsa ternura, Bateman es una caricatura de la avaricia desalmada de Wall Street. En ambos casos, el resultado es estilizado, casi glamuroso. Es el mal vestido de Armani. Un monstruo que cotiza en bolsa.

Y eso es parte del problema. El cine embellece, y entonces el mal se convierte en arte, la crueldad, se transforma en estilo, y el espectador, en cómplice pasivo de una mentira emocional «Si fuera tan listo, tan guapo y tan sofisticado, yo también sería capaz de…». Lo que no vemos es el rastro de devastación silenciosa que dejan los psicópatas integrados en el mundo real.

EL ENCANTADOR DE SERPIENTES
(PSICOPATÍA SIN SANGRE)

Al cine le cuesta mostrar al psicópata sin crímenes explícitos. Al que no mata, pero arrasa, que no grita, pero aplasta, que no deja huellas, pero sí cicatrices emocionales. Porque el psicópata integrador no interesa en taquilla, es aburrido. Porque no hay persecuciones, ni se puede reducir a un clímax final con justicia poética. Y, sin embargo, es el que más daño hace.

Imagina una película sobre un ejecutivo que manipula sistemáticamente a su equipo para escalar posiciones, que destruye carreras sin levantar la voz y que se gana la simpatía del consejo directivo mientras destroza lentamente la autoestima de sus subordinados. ¿Te suena atractivo? Tal vez no. Pero esa es la historia que millones viven cada día.

El cine apenas ha rozado ese tipo de psicopatía silenciosa. Una excepción interesante es *El método* (Marcelo Piñeyro, 2005), donde se plantea cómo la crueldad puede enmascararse en dinámicas corporativas. O *Whiplash* (Damien Chazelle, 2014), con un profesor que lleva el abuso emocional a niveles insospechados en nombre del talento. Son ejemplos raros. El cine prefiere el cuerpo en la bañera que el alma rota en la oficina.

Y es que Hollywood nos ha vendido que los psicópatas son genios. Que tienen un cociente intelectual desorbitado, y van siempre un paso por delante... que podrían haber sido grandes cirujanos, filósofos o líderes... si no fuera por su «problemita». Esto es, sencillamente, falso.

La mayoría de los psicópatas no destacan por su inteligencia, sino por su frialdad emocional —lo estamos viendo—. Son imitadores expertos, no creadores. Repiten patrones que funcionan, y su éxito no está precisamente en la genialidad, sino en la ausencia de culpa. Ese es el auténtico secreto, su capacidad de repetir mentiras sin pestañear, y de provocar caos sin un solo remordimiento. El verdadero talento no es intelectual. Es moralmente nulo.

Pero el cine necesita antihéroes carismáticos. Así que los embellece. Nos hace admirarlos en silencio, incluso cuando matan o devoran. Porque, al fin y al cabo, tienen buen gusto. Y eso, en la cultura del espectáculo, vale más que la verdad. Está claro.

Cuando el cine humaniza y justifica

Hay otra trampa sutil en muchas representaciones, que es la redención. El psicópata como víctima. El monstruo con un pasado traumático... esa bestia que solo necesitaba amor. Esto es especialmente problemático cuando se romantiza el dolor ajeno para justificar la crueldad. Como si el abuso fuera una licencia para la destrucción.

En *Joker* (Todd Phillips, 2019), se nos muestra a un Arthur Fleck alienado, maltratado por el sistema, hasta que finalmente explota. El resultado es potente como metáfora social, pero peligroso como retrato clínico. Porque la violencia deja de ser un acto patológico para convertirse en una respuesta poética. Y eso nos lleva a una conclusión equivocada, y es que todos los psicópatas son producto del entorno. Cuando, en realidad, muchos nacen sin esa brújula ética que los demás desarrollamos.

Lo contrario también ocurre. En *Monster* (Patty Jenkins, 2003), Charlize Theron interpreta a Aileen Wuornos, una prostituta que acabó matando a varios hombres. Aquí, el trauma se muestra sin embellecimiento. La empatía del espectador es incómoda, porque aquí entendemos su historia sin justificar sus actos. Es una película necesaria, precisamente porque no busca excusas, ni gloria. Solo verdad.

Psicópatas reales llevados al cine

Algunos biopics recientes han retratado a psicópatas históricos con distintos grados de fidelidad. El problema, una vez más, es que la narrativa exige una construcción dramática que a veces suaviza, exagera o estiliza la monstruosidad real.

Seguro que recordáis *Zodiac* (David Fincher, 2007). Nos muestra el miedo colectivo, la obsesión investigadora y el vacío que deja un asesino nunca atrapado. El psicópata aquí no es protagonista, es una sombra. Y eso le hace aún más aterrador.

Otro ejemplo es *Foxcatcher* (Bennett Miller, 2014), que retrata a John du Pont, millonario perturbado que acabó asesinando a un luchador olímpico. Steve Carell, en uno de sus mejores papeles, lo muestra como un hombre frágil... paranoico. No hay justificación. Solo deterioro. Es una gran excepción.

Y luego está *Ted Bundy: durmiendo con el asesino* (Joe Berlinger, 2019), donde Zac Efron da vida a Bundy. Aquí el riesgo es evidente: la estetización del criminal. El resultado es ambiguo. Porque aunque no glorifica sus actos, los hace atractivos. Y eso, tratándose de un depredador, es éticamente cuestionable.

LA GRAN OMISIÓN EN EL CINE, EL PSICÓPATA DOMÉSTICO

Si hay un tipo de psicópata casi ausente en el cine es el de puertas adentro. El que nunca mata, pero anula. El que no deja huellas, pero destruye. El que no necesita esconder cuerpos, porque su crimen es invisible. Hablamos del maltrato emocional cotidiano, del *gaslighting* sutil, de la manipulación afectiva. Todo eso apenas se retrata.

Películas como *Gaslight* (1944) dieron nombre al fenómeno, pero desde entonces pocas lo han abordado con profundidad. *Sleeping with the Enemy* (1991) rozó el tema, pero con tintes de *thriller* más que de retrato psicológico. Y en *Gone Girl* (David Fincher, 2014), la psicopatía femenina toma el relevo, aunque más como artificio que como análisis real. Falta verdad. Falta cotidianidad.

Finalmente, nos queda claro que el cine puede enseñar... advertir, revelar. Pero cuando se trata de psicopatía, también puede distorsionar. De hecho, la mayoría de las veces, ha sido así. Nos ha convencido de que los psicópatas son genios malvados con miradas inquietantes y música de fondo ominosa. Pero la mayoría, ahora, no tienen banda sonora, tienen cuentas de LinkedIn, hijos, y perfiles de pareja. Tienen éxito.

Y quizás por eso son tan peligrosos. Porque no necesitan una película para tener un guion. Ya lo han escrito en la vida real. Y muchas veces, ni siquiera sospechamos que estamos participando en él.

Ellas también existen

El cine ha tardado más en retratar a las psicópatas mujer, y cuando lo ha hecho, muchas veces ha caído en el cliché de la *femme fatale*, la loca peligrosa o la madre enloquecida. Sin embargo, el perfil de la psicópata real merece mucha atención. Son mujeres que controlan, seducen, destruyen… y también lo hacen sin necesidad de sangre ni escenas explícitas.

En *Gone Girl* (David Fincher, 2014), Amy Dunne ejecuta una venganza meticulosa que combina manipulación emocional, chantaje mediático y violencia selectiva. Su personaje generó controversia, pero también abrió un debate: ¿por qué nos incomoda más una mujer fría que un hombre sanguinario?

Otro ejemplo sutil es el de la señora Danvers en *Rebeca* (Alfred Hitchcock, 1940), una figura manipuladora que ejerce un control total desde las sombras. La psicopatía femenina suele disfrazarse de cuidado, de moralidad, de tradición. Pero puede ser tan devastadora como la de sus equivalentes masculinos.

¿Y si el psicópata es el héroe?

Aquí está el giro más perverso del cine moderno, convertir al psicópata en protagonista. Y hacerlo no como villano, sino como punto de identificación. En series como *You* (Netflix), seguimos los pasos de Joe Goldberg, un acosador que se auto-convence de que todo lo hace por amor. Y el espectador, en más de un momento, se siente tentado a justificarlo.

Eso es lo más peligroso, que la cámara nos sitúe tras sus ojos. Que veamos el mundo desde su lógica torcida y sintamos su dolor como si fuera real. Porque el cine tiene ese poder, y mal usado, puede convertirse en un aliado de la patología.

Películas como *Dexter*, o incluso *Breaking Bad o La caza*, juegan con esa ambigüedad moral. Y sí, hay capas, hay crítica social, hay ironía... pero también hay espectadores que no pillan la ironía. Y ahí empieza el problema. Porque si el mons-truo tiene carisma, si tiene una historia de fondo, si castiga a «los malos»... entonces ya no es tan monstruo. Y ese desliz puede anestesiar nuestra brújula moral colectiva.

Sin embargo, en todos estos ejemplos hay mucho que el cine no nos cuenta. Porque la gran pantalla ha hecho su trabajo, nos ha entretenido, y nos ha inquietado. También nos ha propor-cionado frases memorables y personajes icónicos. Pero tam-bién ha ocultado una realidad incómoda, que los verdaderos psicópatas no siempre son identificables, ni brillantes, ni espe-cialmente interesantes desde fuera. A veces son grises, funcio-nales, incluso mediocres, pero efectivos. Porque saben fingir, y porque no sienten. Porque no se detienen.

Y eso es lo que el cine rara vez muestra a su público entre-gado, la banalidad del mal emocional. La destrucción sin espec-táculo, y el sufrimiento silencioso de quienes caen en manos de alguien que, si fuera personaje de película, no pasaría del tercer acto. Pero que en la vida real, dura años. Y arrasa con todo.

Así que, la próxima vez que veamos un psicópata en panta-lla, tal vez deberíamos preguntarnos: ¿qué parte de esto es ver-dad? ¿Y qué parte es solo un cuento más para que no miremos donde realmente duele?

24. Psicopatía en el deporte

Pensemos ahora que estamos ante un escenario en el que el éxito, el rendimiento y la competitividad son lo único que importa. El mundo del deporte profesional está lleno de presiones, donde las emociones están a flor de piel y las expectativas son tan altas que cualquier error o debilidad se convierte en un riesgo.

El caso es que, en este entorno, existen figuras que no solo se destacan por su habilidad técnica, sino por su capacidad para controlar a los demás, crear tensiones internas y girar el ambiente a su favor. Estos individuos son los que vamos a llamar aquí psicópatas del deporte, y su influencia puede ser tan destructiva como sorprendente. Veamos.

Cualquiera que haya estado dentro del mundo deportivo o haya observado las dinámicas de un equipo sabe que no siempre el mejor jugador es quien lidera, sino quien sabe controlar y utilizar a los demás para su propio beneficio. Un psicópata deportivo no necesita ser necesariamente un mal jugador o un mal entrenador, pero sí tiene la habilidad de «jugar» con las emociones de los demás a su alrededor.

Visualiza por un momento a un entrenador o capitán de equipo que, en lugar de inspirar a sus jugadores, utiliza su posición para someterlos a una presión constante, controlar sus emociones y crear un ambiente tóxico. Este tipo de líder psicópata entiende cómo jugar con las inseguridades de los jugadores, aprovechando sus miedos o deseos de aprobación para mantener el control. Si bien, en lugar de fomentar la confianza y la camaradería, el psicópata se enfoca en crear competencia destructiva, alimentando la desconfianza entre los jugadores, y enfrentándolos unos contra otros aprovechando sus vulnerabilidades para mantener el control.

Un ejemplo de esta manipulación emocional y psicológica lo podemos observar en situaciones donde el liderazgo autoritario se impone, como en equipos deportivos con entrenadores que utilizan la intimidación, el abuso verbal o incluso psicológico para mantener el orden. Este tipo de liderazgo no solo crea un ambiente de trabajo tóxico, sino que también puede afectar profundamente la salud mental de los jugadores, llevándolos a un estado de agotamiento emocional o de inseguridad constante.

Por otro lado, no todos los psicópatas deportivos se presentan de manera tan evidente. Algunas de estas figuras son extremadamente carismáticas y se ganan la admiración de sus seguidores y compañeros, presentándose como el ejemplo a seguir. Sin embargo, su verdadera naturaleza es mucho más insidiosa, porque juegan con las emociones de los demás, manipulan las percepciones y controlan el entorno para asegurarse de que todo gire a su favor.

Cualquiera que haya estado en un entorno competitivo intenso puede reconocer el comportamiento de líderes psicópatas que no dudan en explotar a los demás. Podemos ver cómo, en estos casos, no solo se manipula a los jugadores para lograr victorias, sino que también se crea una cultura de lealtad inquebrantable, donde aquellos que cuestionan la autoridad son rápidamente desacreditados, excluidos o incluso eliminados del equipo. Esta táctica es común en entornos de alto rendimiento, donde los psicópatas pueden disfrutar de la devoción y la sumisión de sus subordinados.

Psicopatía y el lado oscuro de los negocios

Por supuesto que el control de los psicópatas en el deporte no se limita solo al ámbito del equipo o la cancha, también podemos verlos en los puestos directivos donde influyen de manera activa en la gestión de los negocios que rodean al deporte, y van desde los contratos millonarios hasta las decisiones financieras que afectan a los atletas y a las organizaciones. Un psicópata en la gestión deportiva es capaz de manipular a los agentes, influir en las negociaciones y crear un ambiente donde el dinero, en lugar de la ética o el bienestar de los jugadores, se convierte en el principal motor de las decisiones.

Si has trabajado —o has estado cerca de alguien que lo haya hecho— en la industria deportiva, sabes que la codicia y la manipulación son comunes en este mundo. Porque el psicópata que ocupa un puesto de poder en una organización deportiva no tiene reparos en explotar a los jugadores para obtener beneficios personales.

Si nos centramos, por ejemplo, en el análisis de los contratos, los psicópatas deportivos son expertos en crear acuerdos que favorecen únicamente a ellos, a menudo a costa de la salud física y emocional de los atletas. La presión por el rendimiento y el aprovechamiento del talento humano para obtener ganancias económicas es una constante en el entorno deportivo.

Un modelo claro de cómo los psicópatas manipulan la gestión de los negocios deportivos puede verse en las relaciones entre directores deportivos y agentes de jugadores. En algunos casos, los psicópatas utilizan su influencia para hacer firmar contratos que benefician a todos los involucrados en el negocio, pero que dejan a los jugadores expuestos a un entorno de estrés constante, sin la debida compensación a nivel personal. Un claro ejemplo es el uso que se hace de los contratos multimillonarios en el fútbol, donde las negociaciones pueden ser tan implacables que los jugadores terminan trabajando bajo condiciones extremas sin tener en cuenta su salud mental y emocional.

Pero aún hay más, porque la manipulación en la gestión deportiva también afecta a los fanáticos y a la sociedad en general. Estos psicópatas del deporte son maestros en crear una narrativa en la que los jugadores se convierten en héroes, a menudo ocultando los costos personales que enfrentan. Mientras que los fanáticos celebran los logros, los psicópatas deportivos se benefician de la fama y el dinero que genera el espectáculo, sin importarles el impacto negativo que pueda tener en los atletas que están detrás del éxito.

Un caso conocido es el de algunos deportes de contacto, como el fútbol americano, donde las lesiones graves, las conmociones cerebrales y los daños a largo plazo en la salud física de los jugadores se minimizan o incluso se ignoran para seguir generando ganancias. Las organizaciones y los líderes de estos deportes, en muchos casos psicópatas, siguen ganando millones de dólares mientras los jugadores, algunos de los cuales terminan con secuelas físicas y emocionales graves, son descartados tan pronto como ya no sirven para generar beneficios.

PARTE V
CARA A CARA CON EL PSICÓPATA

25. La coartada perfecta

Hay algo profundamente perturbador en los psicópatas que no necesitan esconderse. En aquellos que no acechan entre sombras ni aceitan cuchillos, sino que caminan seguros entre pasillos judiciales, se presentan voluntarios en mediaciones y dominan el lenguaje de las emociones con más soltura que un terapeuta profesional. Son los psicópatas legales, los que no se saltan la ley porque no lo necesitan y la utilizan como escudo, como herramienta, como espectáculo.

Durante años, hemos alimentado la idea de que la justicia pone las cosas en su sitio. Que basta con acudir a un juzgado, presentar pruebas y confiar en el sistema. Sin embargo, el psicópata invisible sabe que eso es una fantasía, y, como toda fantasía, es fácil de manipular si sabes contar el cuento correcto. Porque no importa solo lo que ocurre, importa lo que en verdad puedes demostrar. Y ahí, él o ella te lleva años de ventaja.

Pensemos en nuestra vida cotidiana. ¿Cuántas veces hemos oído a alguien decir que «La otra parte parece tan razonable» o que «Si lo cuenta así, por algo será»? El psicópata que se presenta como víctima ante la ley no necesita que todo el mundo le crea. Más bien le basta con que quien decida dude lo suficiente. Un atisbo de duda, un gesto ambiguo, un expediente inconcluso... Y ya ha ganado.

El arte de parecer inofensivo

Una de las armas más potentes del psicópata legal es la apariencia. No hablamos solo de estética, sino de actitud. Saben perfectamente cómo vestirse, cómo modular la voz, cuándo parecer cooperativos y cuándo dejar caer, con exquisita educación, que han sufrido más que nadie. Dominan el relato emocional como un guionista de Oscar.

Así, frente a un juez, una psicóloga forense o un trabajador social, despliegan un perfil impecable. Son colaboradores, puntuales, educados. Se expresan con claridad, muestran preocupación, dicen frases como «Yo solo quiero que se haga justicia» o «Entiendo que estemos en desacuerdo, pero siempre he intentado dialogar». En resumen, construyen una versión de sí mismos que se ajusta a la imagen que el sistema quiere premiar.

Y si la víctima, agotada, se muestra nerviosa, rota, ambigua o contradictoria —como es natural en quien ha sido manipulado o maltratado psicológicamente—, entonces todo encaja en su favor. El psicópata no necesita desacreditarte con pruebas porque te deja hablar, te observa derrumbarte y recoge los frutos. La frialdad gana en el relato oficial. Y ellos lo saben.

Gaslighting legal

Una de las formas más sutiles —y eficaces— de manipulación es el *gaslighting*. Y recordemos que consiste en hacer dudar a la víctima de su percepción, de sus emociones, de su memoria. En la vida cotidiana es un veneno lento, pero en los procedimientos judiciales es dinamita pura.

El psicópata que domina el *gaslighting* legal no dice mentiras descaradas. Lo que hace es contar verdades deformadas, su verdad, o cómo él ve esa verdad. Dice que tú eras demasiado sensible, que malinterpretaste, que siempre te exaltabas, que sufrías ansiedad. Y después lo documentará con mensajes tuyos en momentos de angustia, con informes que solo recogen una parte de la historia, con testigos que apenas conocen el fondo pero que han escuchado su versión durante meses.

De este modo tú, ante los ojos de la justicia, no pareces una víctima, pareces alguien emocionalmente inestable. Y él, o ella, se presenta como quien ha soportado con paciencia, como quien ha intentado mediar, como quien ha buscado ayuda. Un mártir funcional.

Y no olvidemos algo fundamental; que los psicópatas no sienten culpa, pero sí conocen el efecto que la culpa tiene en los demás. Por eso la utilizan. Invierten el papel de víctima y victimario con una naturalidad escalofriante. A veces incluso llegan a denunciar primero, para blindarse. Porque el primero que grita suele parecer el más herido. Aunque esté actuando.

EL JUEZ, EL MEDIADOR Y LA APARIENCIA DE NEUTRALIDAD

En teoría, los jueces no juzgan personas, juzgan los hechos. Pero eso es mentira o, por lo menos, no es del todo cierto. El relato, el tono, la coherencia, el aspecto, las emociones expresadas... todo influye en la sala de un tribunal. Y eso el psicópata lo sabe bien. Por eso entrena su discurso, lo ensaya, y a veces incluso se prepara con especialistas en comunicación o en *coaching* legal. No improvisa, representa el papel.

Los mediadores familiares también pueden convertirse en aliados involuntarios de su juego. Porque el sistema está orientado a la conciliación, al acuerdo, al entendimiento. Y ante alguien que aparenta sensatez y otro que llora de rabia o de impotencia, ¿a quién creen?

Más aún, cuando el psicópata ha tenido hijos con su víctima, la jugada es maestra. Basta con mostrarse como un padre o madre implicado, preocupado... comprometido. Participar en tutorías, comprar regalos, hablar con los profesores, cumplir con las visitas. Todo eso genera una imagen. Y, a veces, es solo eso, una imagen, pero otras veces esto no es así. En ocasiones, detrás hay un niño que puede estar sufriendo manipulación emocional, triangulación, negligencia afectiva o incluso castigos velados. Pero mientras no haya pruebas claras, el relato gana.

Por este motivo, hay cientos de víctimas cuya historia nunca se conocerá. No porque no sea relevante, sino porque no encaja en los moldes del escándalo. Son mujeres (y también hombres) que han pasado por divorcios donde el agresor quedó como víctima. Personas que han perdido la custodia de sus hijos por parecer menos estables que el psicópata que los anuló durante años. Víctimas que acudieron a mediaciones y fueron tratadas como conflictivas por negarse a «negociar» con quien las había destruido.

También hay víctimas entre los profesionales. Sin ir más lejos podemos señalar a psicólogos que han detectado el perfil, pero han sido desacreditados. También hay trabajadores sociales que han sido manipulados con discursos impecables. O bien, jueces que, sin saberlo, han sentenciado a favor del agresor porque era quien mejor jugaba al juego del sistema.

Y periodistas, claro. Porque estos casos no venden bien. Porque no hay sangre, ni cadáver, ni persecución policial. Solo hay palabras, emociones, informes y decisiones tomadas entre pasillos grises. Nada de eso da clics. Y, sin embargo, ahí se cometen crímenes emocionales que tardan años en sanar. Si es que alguna vez lo hacen.

Cuando el silencio gana

Uno de los trucos más eficaces del psicópata legal es el uso del silencio. No para escuchar, sino como estrategia. El psicópata legal guarda silencio ante acusaciones graves y responde a las pequeñas. Desvía la atención con elegancia. Si tú hablas de años de manipulación, él hablará de un día en que le gritaste.

Si tú nombras la soledad, él mencionará una cena familiar. Y lo hará con la calma chicha de quien no tiene prisa, porque sabe que la ley prefiere las versiones «equilibradas».

En ocasiones, incluso logra que la víctima empiece a dudar de sí misma. Porque si el sistema le da la razón, si el informe no refleja lo vivido, si los profesionales lo creen a él... ¿no será que exageró? ¿No será que está loca? Esa es la victoria final del psicópata legal, que incluso tú empieces a pensar que el monstruo eras tú.

JUSTICIA SIN ALMA

No hay receta mágica para desmontar a estos perfiles, pero sí hay algo que puede ayudar mucho, y eso es empezar por entrenar a los profesionales. Formar en psicopatía integrada, y enseñarles a identificar los matices del *gaslighting*, del chantaje emocional encubierto, del discurso manipulador. Humanizar el sistema sin volverlo ingenuo.

También es urgente revisar los criterios de custodia, de mediación, de valoración psicológica. Porque el encanto no es prueba de bondad, y el llanto de la víctima no es signo de desequilibrio.

Finalmente, hay que entender que algunos verdugos no llevan látigo, sino una sonrisa muy bien ensayada, y que algunas víctimas en una sala de justicia repleta de togas puede que no parecen víctimas. Y que, a veces, el sistema —por ciego, por frío, por ingenuo— se convierte en cómplice del crimen perfecto. Ese crimen que nunca será reconocido como tal.

26. La víctima del psicópata invisible

Hay heridas que no sangran y, por tanto, nadie las ve. No hay parte médico, ni fractura, ni coartada, pero duelen igual, o más, porque te vacían. Porque son lentas, silenciosas, y devastadoras. Ser víctima de un psicópata invisible no significa haber sido apuñalada en un callejón oscuro, sino haber sido moldeada con palabras, manipulada con gestos, invalidada con sutilezas. Te hicieron sentir culpable por respirar, por existir, por sospechar siquiera que algo no iba bien.

Y lo peor es que, cuando intentas explicarlo, no puedes. Porque te sientes torpe, exagerada, incluso paranoica. Y es que el psicópata te ha robado no solo la confianza en el otro, sino también en ti misma. ¿Cómo demostrar algo que no deja huellas visibles? ¿Cómo señalar al verdugo cuando todos le aplauden?

Pensemos en nuestra vida cotidiana. Muchas de estas víctimas son personas admiradas, aparentemente fuertes, incluso con éxito profesional. Nadie sospecha que, en la intimidad, están siendo anuladas poco a poco. Porque el psicópata invisible no necesita gritar, y tampoco necesita golpearlas. Solo necesita sembrar la duda, especialmente la duda sobre ti, su víctima. Es el arte de la erosión. No te destruyen de un golpe, sino que te desgastan poco a poco, día a día, hasta que te confundes contigo misma.

Si bien, una de las mayores tragedias de estas relaciones es que la víctima duda de serlo. Siente que algo no encaja, pero no tiene pruebas, y entonces es cuando se pregunta: «¿Y si soy yo? ¿Y si estoy exagerando? ¿Y si realmente tengo un problema y esta persona solo quiere ayudarme, corregirme, hacerme mejor?». Esa es la trampa. No hay insultos directos, solo «consejos bienintencionados». No hay prohibiciones, solo «preocupación por tu bien». No hay gritos, solo silencios que castigan, desapariciones estratégicas, comparaciones crueles disfrazadas de humor.

Por eso el psicópata invisible es tan difícil de identificar, porque no rompe cosas, rompe tu percepción de las cosas, y eso es muy diferente. Porque la manipulación emocional no deja moretones, aunque mina la autoestima con una eficacia quirúrgica. Lo hace sonriendo, lo hace bromeando, lo hace con «buena intención». Y cuando por fin te atreves a hablar, a compartirlo con alguien, la respuesta suele ser devastadora «No me lo puedo creer, si es encantador».

Y ahí te quedas, sola, aislada. Y, además sintiéndote culpable por haber dudado. Ahí, en ese silencio, es donde el psicópata afianza su poder.

VÍCTIMAS SIN RELATO

Una víctima necesita relato para entenderse. Aunque, si ese relato no encaja en las categorías clásicas del abuso, todo se complica. Si no hay violencia física, si no hay insultos claros, si no hay pruebas, entonces, ¿qué hay? Solo palabras envenenadas, ausencias calculadas, exigencias imposibles y desprecios camuflados. Eso es lo que hay.

Y no hay testigos. Porque el psicópata invisible cuida mucho su imagen pública. Es seductor con los demás, atento, incluso generoso. La víctima, en cambio, empieza a parecer inestable, celosa, insegura. El mundo lo ve a él —o a ella— como la parte razonable. Y a ti, como el problema.

Por eso tantas víctimas tardan años en salir de ahí. Porque nadie les cree. Ni siquiera ellas se creen. Saben que están mal, pero no saben por qué. Sienten angustia, pero no pueden nombrarla. Se aíslan, se enferman, se callan. Y mientras tanto, el psicópata sigue construyendo su coartada perfecta «Yo solo quise ayudarla», «Estaba desequilibrada», «Ella siempre fue así».

Esa impunidad narrativa es uno de los elementos más dolorosos de todo el proceso.

La vergüenza de haber sido engañada

Es cierto que a veces no sales de la relación por miedo. Sin embargo, otras, no sales por vergüenza, porque tu voz interior se hace preguntas. ¿Cómo reconocer que alguien te ha destrozado sin levantar la voz? ¿Cómo aceptar que te enamoraste de un monstruo con modales exquisitos? La víctima se avergüenza de haber caído, y se culpa por no haber visto las señales, por haber cedido, o por haber justificado lo injustificable.

Y ahí aparece otra capa del dolor que es la humillación. No solo te hicieron daño, sino que ahora, para reconstruirte, tienes que contarlo. Y contarlo bien. Porque si lo haces con rabia, parecerás resentida. Si lo haces con tristeza, parecerás débil. Si lo haces con dudas, parecerá que mientes.

Nadie te cree si no te rompes de la forma correcta. Y eso es insoportable.

Cuando la familia y los amigos no ven nada

Otra de las tragedias habituales es que las personas cercanas no detectan nada. No porque no quieran ayudarte, sino porque el psicópata sabe cómo camuflarse. En reuniones sociales es amable, incluso divertido. Se muestra como un buen padre, una pareja modelo, un ser sensible y comprometido.

Y tú, en cambio, llegas apagada, inquieta... dañada. ¿Quién parece más creíble? ¿Quién tiene más capital emocional? Exacto: él. O ella.

Así, el entorno termina reforzando el aislamiento de la víctima. Comentarios como «Tienes que valorar lo que tienes», «No todo el mundo te va a aguantar así», «Qué suerte que alguien como él esté contigo» no hacen más que hundirla más. Y lo peor de todo es que ese entorno está convencido de estar ayudando.

El cuerpo habla (enfermedades psicosomáticas)

Cuando no puedes ponerle palabras a lo que vives, tu cuerpo lo grita con creces: dolores persistentes, migrañas, insomnio, problemas digestivos, crisis de ansiedad, bloqueos emocionales... Muchas víctimas terminan en urgencias, en consultas médicas, sin saber que su síntoma es una forma de gritar lo que no se atreven a decir.

Y nada de esto es casual. El estrés crónico al que someten los psicópatas invisibles a sus víctimas genera un estado de hipervigilancia constante. Estás siempre alerta, siempre midiendo sus gestos, temiendo la siguiente manipulación. Es entonces cuando el sistema nervioso colapsa, y el cuerpo empieza a enfermar.

A veces, lo único que te despierta del letargo no es la conciencia emocional, sino una crisis física y aguda. Porque el alma, cuando no encuentra salida, se somatiza.

Por esto la víctima no denuncia

La herida de una víctima de psicopatía invisible no sangra, pero tampoco consigue cicatrizar. No hay huella dactilar, no hay ADN, no hay grabación de los hechos ni testigos en el momento clave. Lo que hay es una sensación persistente de haber sido arrasado desde dentro, de haber sido desarmado a base de manipulación, desgaste y miedo sutil. Y ese tipo de trauma tiene una particularidad devastadora porque ni siquiera la víctima puede explicarlo con claridad.

El psicópata invisible —ese que no grita, que no golpea, que no amenaza de forma directa— crea entornos donde el *gaslighting* se convierte en rutina. «No fue para tanto», «Estás exagerando», «Yo solo quería ayudarte», «Si te afectó así es porque tienes problemas sin resolver». Frases que, dichas con voz suave y mirada de preocupación, desarman más que una agresión explícita. La víctima empieza a cuestionarse su percepción, su memoria, incluso su salud mental.

En muchos casos, estas víctimas ni siquiera se identifican a sí mismas como tales. Y es que al no haber nada físico que demuestre lo que está pasando, no saben ver a tiempo la evidencia de ese otro tipo de maltrato. Obviamente no hay insultos ni empujones, tampoco demandas ni órdenes de alejamiento. Lo que sí hay es un proceso lento de anulación emocional, de aislamiento, de pérdida de autoestima, de vergüenza... que es mucho más difícil de percibir. Porque una de las grandes crueldades de esta violencia silenciosa es que hace creer a la víctima que fue cómplice, que consintió, que no supo imponerse. Y así, en vez de denunciar, se calla. Y se culpa.

Pensemos en nuestra vida cotidiana. ¿Cuántas personas conocemos que, tras una relación o una experiencia profesional, han quedado rotas, apagadas, con crisis de ansiedad, insomnio, trastornos de alimentación o sensación de vacío constante? A menudo no saben explicar qué ocurrió. Dicen que «la relación fue tóxica» o que «el ambiente de trabajo era muy estresante». No usan la palabra abuso. Mucho menos psicopatía. Pero si desmenuzamos lo vivido, si observamos los patrones, encontramos la huella inequívoca del depredador emocional: control sin violencia, chantaje emocional disfrazado de preocupación, dependencia emocional creada a base de alternar cariño con desprecio.

Los psicópatas invisibles no destruyen de golpe, van desmontando por partes. Un día cuestionan tus decisiones, otro tus emociones, después tus amistades, luego tu trabajo. Y siempre lo hacen «por tu bien». Nunca levantan la voz. Pero cuando quieres darte cuenta, ya no sabes quién eres. Y lo peor, ya no sabes si tu dolor es legítimo.

Estas víctimas viven atrapadas en un limbo. Demasiado dañadas para seguir como si nada, pero demasiado confundidas como para pedir ayuda. Y cuando, por fin, deciden hablar, se encuentran con un muro. «¿Seguro que era para tanto?», «Parece una persona encantadora», «Igual fue un malentendido». Nadie las cree. Porque el psicópata invisible es experto en construir una imagen pública intachable: sonríe, ayuda a los demás, hace favores continuamente. Y tú, que apenas puedes articular lo que viviste, pareces la loca, la rencorosa, la inestable.

La víctima, entonces, calla, no denuncia, no cuenta. Y ese silencio es una segunda agresión. Porque lo no dicho se enquista. Se transforma en culpa, en ansiedad crónica, en enfermedades autoinmunes, en aislamiento social. Muchas de estas personas pasan años en terapia sin lograr conectar del todo con su dolor, porque no hay un relato claro. Solo retazos, sensaciones, momentos en que todo parecía normal, pero algo dolía por dentro.

Y aquí entra otra dimensión del trauma: el entorno. Cuando una víctima de psicopatía invisible intenta explicar su historia, muchas veces se encuentra con incredulidad, con consejos simplistas («Olvídalo», «Pasa página», «Ya vendrá alguien mejor») o con comparaciones («Eso no es nada, a mí me pegaban»). El sufrimiento sin marca visible no despierta compasión, despierta sospecha. Y eso refuerza el aislamiento.

Por eso es por lo que muchas víctimas no denuncian. No porque no quieran justicia, sino porque no pueden soportar el nuevo maltrato que implica no ser creídas. Prefieren el silencio a la revictimización.

Además, el sistema no está preparado para ellas. Ni los juzgados, ni los protocolos de atención, ni siquiera buena parte de la psicología tradicional. El maltrato psicológico sin agresión física sigue siendo difícil de demostrar. Y más aún si quien lo perpetra tiene carisma, una posición social reconocida o una red de apoyo cómplice.

He conocido víctimas que llevaban años sin poder dormir una noche entera, que temblaban al escuchar una frase que recordaba al discurso de su agresor, que no podían iniciar nuevas relaciones sin un miedo paralizante a que la historia se repita. Y cuando les preguntabas qué les había pasado, dudaban. Decían «No sé. Era buena persona... pero me quitó la vida poco a poco».

Porque ese es el gran logro del psicópata invisible: no solo destruye a la víctima, la deja sin palabras para contarlo.

Y entonces aparece el cuerpo como campo de batalla. Esas enfermedades psicosomáticas de las que acabamos de hablar y muchas más como la fibromialgia, el colon irritable, la caída del cabello y las temidas crisis de pánico. Y es que, a veces, la única forma que tiene la víctima de expresar lo vivido es enfermar. Y cuando va al médico, le dicen que todo está en su cabeza. Otra forma de *gaslighting*.

Finalmente, algunas logran reconstruirse, pero no sin antes romper con todo. Con la familia que no las apoyó, con los amigos que minimizaron el daño, o con la versión de sí mismas que fue anulada. Es un proceso lento, doloroso, lleno de recaídas. Porque el vínculo con el psicópata invisible no se corta fácilmente. Desgraciadamente no hay una escena final. No hay cierre. A veces, ni siquiera hay separación formal. Simplemente, un día la víctima se da cuenta de que no puede más. Y huye.

Pero incluso entonces, el agresor sigue presente. Presente en sus sueños, en su forma de reaccionar ante ciertas palabras, en sus inseguridades y en su miedo a confiar. El daño se ha convertido en estructura.

Y aun así, hay esperanza. Claro que hay esperanza, porque cuando una víctima encuentra un lenguaje para nombrar lo que vivió, empieza a sanar. Cuando entiende que no fue débil, sino manipulada; que no fue torpe, sino engañada; que no fue cómplice, sino captada... Entonces, empieza a recuperar el poder.

Pero para eso necesita algo más que apoyo emocional. Necesita que la sociedad deje de idolatrar al encantador de serpientes. Que se deje de pedir pruebas donde lo que hay es sufrimiento, que se escuche a la víctima con respeto, y que se entienda que no todo abuso deja moratones. A veces, deja silencio, mucho silencio. Y el silencio también es una herida.

LA DUDA SOCIAL

Es el drama silencioso de tantas personas que han sido trituradas emocionalmente y luego silenciadas por la lógica de los demás. De ese «Algo habrás hecho», «Seguro que no era para tanto», «Te lo tomas todo muy a pecho». Y así, la víctima no solo carga con el dolor original, sino con el peso de justificarlo. De traducirlo a un idioma que los demás estén dispuestos a aceptar. Y no siempre lo consigue.

Ya sabemos que una de las cualidades del psicópata invisible es que se camufla, y muy bien, entre los encantadores, pero también entre los eficientes, los divertidos, los cultos, los solidarios. Incluso entre los espirituales —lo hemos visto—. Y eso desactiva automáticamente la credibilidad de la víctima. ¿Cómo vas a decir que alguien que ayuda a los demás, que colabora con ONGs, que da charlas sobre empatía, es un abusador emocional? Pues porque lo es. Porque el monstruo moderno se disfraza de buena persona. Y tú, que lo conoces de cerca, lo sabes... pero los demás no. Y ahí empieza tu segundo calvario, la duda social.

Porque hay una doble herida, la que te hizo él —o ella—, y la que te hace el mundo cuando no te cree. Y a veces esa segunda herida aún duele más. Porque esa te deja sola, y te obliga a replantearte tu cordura, te hace pensar que tal vez —solo tal vez— fuiste tú quien malinterpretó todo. Esa es la victoria del psicópata, convertir tu testimonio en una sospecha.

Y hay algo aún más perverso, y es que muchas víctimas acaban pidiendo perdón por haber estallado, haber sospechado, o por haber «caído en una espiral negativa». Piden disculpas por su reacción, mientras el otro mantiene intacto su rol de «ser racional». Es la magia oscura de estos perfiles, que logran que tú sientas vergüenza por haberte atrevido a señalar el abuso. Porque no fue físico ni explícito. Porque no hay pruebas.

Pero hay algo que duele más aún que la falta de pruebas, y es el no reconocerte. Mirarte un día al espejo y no ver a la persona que fuiste. Perderte, cuestionarte y romperte en mil fragmentos tratando de entender cómo llegaste ahí, y en qué justo momento de lo vivido sucedió todo sin que tú te dieras cuenta. Ese es el gran crimen del psicópata invisible, que arranca tu voz, tu autoestima y tu claridad. Te deja viva, pero vacía.

La reconstrucción

Y cuando consigues salir —porque se logra salir—, nadie celebra tu libertad. Porque no se enteraron de tu encierro. Claro, no hubo barrotes, ni denuncias, ni gritos. Solo hubo un lento apagón emocional que tú misma tuviste que soportar, día tras día, hasta que decidiste huir. Y esa huida es solitaria. Porque, otra vez, nadie entiende de qué huiste.

¿Cómo se repara una mente que ha sido colonizada? ¿Cómo se reconstruye una identidad que ha sido pisoteada durante años sin que haya una sola cicatriz visible? Nadie te entrena para sobrevivir a una guerra psicológica. Tampoco hay medallas ni homenajes para quienes escapan de una relación tóxica. De hecho, la mayoría ni siquiera se reconocen como víctimas hasta mucho después de haber huido. Porque la recuperación, cuando se trata de un psicópata invisible, empieza con una pregunta: ¿Qué me han hecho?

Durante el maltrato, la víctima ha aprendido a dudar de sus propios sentidos (el *gaslighting* ha hecho su efecto.) Lo que antes parecía injusto, ahora es normal, lo que dolía, ahora es culpa propia, y lo que aterra, se convierte en rutina. El primer paso, entonces, no es la terapia ni el perdón, es la conciencia. Y es brutal.

1. El despertar

Una mujer me contó una vez que su expareja le decía cada noche que sus lágrimas eran «una manipulación emocional para no dejarle dormir». Lloraba sola, en el baño, porque él le había enseñado que el dolor era molesto. Tardó cinco años en darse cuenta de que aquello no era amor. Y un día, simplemente, se despertó con una certeza: no quería morirse así. Esa fue su ruptura.

El despertar en estos casos no tiene nada de cinematográfico. No hay música de fondo ni discursos liberadores. Muchas veces —las más—, llega con un mensaje inesperado, una conversación con alguien ajeno, una lectura que resuena. Pero cuando la venda cae, la caída es larga. Porque de pronto, todo duele… el cuerpo entero protesta. La vergüenza, la culpa, el miedo, se agolpan como una ola vieja que no había roto.

Y, sin embargo, es el inicio. Doloroso, sí, pero honesto. La víctima empieza a reconocerse en frases que antes habría ignorado. Empieza a decir «Yo también viví eso». Y, de pronto, ya no está sola.

2. La retirada estratégica

Romper con un psicópata no es como cortar con un novio infiel o una amiga tóxica. Es escapar de una red tejida con paciencia y veneno, mucho veneno. El psicópata no se retira cuando le dejas. El psicópata se enfurece, se ofende, se convierte en víctima o en verdugo, según le convenga. A veces, alterna ambos papeles en cuestión de minutos. Por eso, la retirada debe ser calculada.

Muchas víctimas necesitan planificar su salida durante meses. Como guardar dinero en secreto, buscar apoyo legal o psicológico... asegurarse de tener un lugar seguro. Porque el psicópata invisible sabe jugar a la víctima mejor que nadie. Y si intuye que se le va su fuente de energía, puede volverse imprevisible.

Salir de este bucle es un acto de valentía, pero también de estrategia. Cortar el contacto es fundamental. El «*no contact*» o «contacto cero» no es solo una recomendación, es una necesidad vital. Cada mensaje, cada llamada, cada intento de «cerrar bien» es una puerta entreabierta a la manipulación. Hay que cerrarla con llave, tirarla inmediatamente.

3. El síndrome de abstinencia

Sí, existe. Y es devastador. Porque muchas veces, el psicópata ha funcionado como una droga que te hacía sentir especial, única, amada. Luego, culpable, miserable, perdida. Pero el cerebro se acostumbró a ese vaivén, a esas dosis de dopamina que llegaban cuando, después de un castigo, venía el perdón... cuando después del silencio, venía el «te quiero».

Una víctima puede pasar semanas o meses sintiendo una adicción inexplicable: idealiza al agresor, reinterpreta los hechos, justifica lo injustificable, y llora por una pérdida que, racionalmente, sabe que fue una liberación. Pero las emociones no siguen la lógica, eso está claro. Y la biología tampoco.

Ahora bien, aquí es donde el entorno juega un papel crucial. Si la víctima está sola, el riesgo de recaída es alto, pero si tiene apoyo, un terapeuta especializado, un grupo que le valide, el proceso puede doler igual, pero se sobrevive. Porque el dolor, en este punto, es señal de que el veneno ya está saliendo.

4. Reconstruir la identidad

Este es, quizá, el tramo más largo del camino. Porque tras una relación con un psicópata, hay una pregunta que se repite en bucle: «¿Quién soy yo, ahora?». La víctima ha dejado de reconocerse. Es posible que no sepa si le gusta el café o si lo bebía por agradar, si le apasiona el cine o si solo iba porque era la forma de evitar una discusión, si está triste o si le enseñaron que estarlo es un fallo personal.

Reconstruirse es volver a habitar el cuerpo, volver a nombrarse, a tener opinión propia. Pero no es un proceso romántico ni mucho menos. Es un camino torpe, lento y, muchas veces, solitario.

Algunos expertos lo llaman «rescate del yo». Implica escribir, hablar, dibujar, caminar... Descubrir, poco a poco, que uno sigue ahí, que no fue anulado del todo, solo anestesiado. Y que merece existir sin pedir permiso.

5. La culpa y el juicio social

Aquí está uno de los peores enemigos de la víctima: la mirada ajena. «¿Cómo no te diste cuenta?», «Yo lo vi venir», «Algo habrás hecho», «¿Tan malo sería, si todo el mundo le quiere?».

Esas frases, que llegan con la mejor de las intenciones o con la más cruel de las malicias, son dardos envenenados. Porque refuerzan lo que el psicópata decía: que la víctima exagera, miente, distorsiona. Y entonces, la persona que intenta sanar, se retrae, se calla y se aísla.

Hay víctimas que tardan más en superar el juicio social que el abuso en sí. Porque al menos con el psicópata sabían a qué

atenerse, pero con el mundo, no. Y eso duele de otra forma.
Más honda. Más cínica.

6. La rabia como medicina

Durante años, la víctima ha estado reprimiendo su ira porque
no le estaba permitido tenerla; debía ser dulce, comprensiva,
paciente. Porque si gritaba, era «loca», si lloraba, era «manipuladora», y si protestaba, era «injusta».

Pero en la recuperación, la rabia aparece. Y es sana. Es fuego
que limpia, es la energía que dice «Nunca más». Porque una
víctima que puede enfadarse es una víctima que ha dejado de
justificarse. No se trata de odiar, no. Se trata de poner límites,
de asumir que sí hubo abuso. Que hubo daño. Y que hay derecho a decirlo en voz alta.

7. Las recaídas

Ocurren. No siempre implican volver con el agresor, a veces
son emocionales, pero ocurren. Días en los que todo se tambalea, en los que la víctima se siente culpable por estar bien, o
simplemente por seguir viva… o por no haber hablado antes.

Es importante normalizar esas recaídas porque no son fra-
casos, son parte del proceso. El cuerpo y la mente, tras años
de maltrato, tienen memoria. Y a veces, recuerdan. Pero ya no
están solos. Ahora hay consciencia. Y también herramientas.

8. El miedo a volver a confiar

Este es uno de los efectos más devastadores del abuso invisible. La víctima empieza a desconfiar de todo. ¿Y si este nuevo
amigo también me miente? ¿Y si esta pareja termina hacién-
dome lo mismo? ¿Y si me estoy equivocando otra vez?

La hipervigilancia se convierte en norma. El mundo parece
una selva, y todo contacto parece una amenaza potencial.

Aquí, el trabajo más profundo es volver a confiar... pero esta vez, en uno mismo. En la propia intuición, en la capacidad de detectar señales, de poner frenos. De decir no.

Cuando la confianza en el otro se reconstruye desde la confianza en uno, el miedo pierde fuerza.

Epílogo necesario

Nadie enseña a sobrevivir al abuso psicológico. No hay campañas masivas ni protocolos mediáticos para quienes han sido manipulados emocionalmente durante años. Y, sin embargo, son muchos, son miles, dañados pero vivos.

Recuperarse no es volver a ser quien eras, es ser quien no te dejaron ser. Es renacer, con cicatrices que ya no avergüenzan, mirar atrás sin anclarse, mirar adelante con una certeza feroz: nunca más.

Y si estás leyendo esto, y algo dentro de ti ha resonado, ya has empezado. Porque entender lo que te ha pasado es el principio del fin. Y también, el inicio de una vida que —por fin— será tuya.

Porque contar el daño emocional sin pruebas tangibles es un acto de valentía en sí mismo. Hacerlo implica exponerse a la incredulidad, a la trivialización, al juicio. Y aun así, hay quien lo hace —muchas, muchos—, hay que hacerlo. Y no para vengarse, sino para advertir... Para que otros y otras no se pierdan tanto en el camino. Para que alguien escuche esa historia y diga «Me pasó lo mismo, no estoy loca».

Y si este libro sirve para algo, ojalá sea para eso, para poner palabras al silencio. Para poder mirar de frente a esos depredadores que no gritan, no pegan, no violan, pero matan por dentro. Porque sí, existen. Y sus víctimas también. Aunque no siempre sepamos verlas.

27. Cómo detectarlos antes de que sea tarde, y técnicas para protegerte sin volverte paranoico

La pregunta del millón no es si existen psicópatas a tu alrededor, porque eso ya lo sabemos. La gran pregunta que toca responder ahora es cuántos de ellos siguen sonriendo impunes mientras tú justificas lo injustificable. ¿Te están utilizando o simplemente eres demasiado buena persona como para creer que alguien puede hacer daño sin razón, sin emoción y sin culpa? Aquí está el quid de la cuestión.

Mucho se ha dicho ya sobre los grandes perfiles criminales, sobre los asesinos seriales, sobre el mal encarnado. Pero el caso es que la mayoría de las personas que han tenido que reconstruirse desde cero no lo hicieron tras cruzarse con un asesino, lo hicieron tras convivir, trabajar o amar a alguien que les robó poco a poco la autoestima, la energía y el rumbo.

SEÑALES SUTILES QUE NO PARECEN SEÑALES

Tenemos claro que un psicópata invisible no se presenta con una tarjeta que diga «Voy a romperte desde dentro». A menudo, el primer signo visible es la intensidad. Una conexión que parece milagrosa, una afinidad casi mística. El problema es que esa intensidad, tarde o temprano, se convertirá en asfixia. Si alguien va demasiado rápido, demasiado perfecto, demasiado atento... desconfía. No estás conociendo a esa persona, estás conociendo la versión que ha construido para seducirte.

Ya hemos visto que en el trabajo, el psicópata se camufla como el más competente, el más encantador o el más servicial. Así se gana la confianza de los superiores, mientras neutraliza a sus compañeros con sonrisas o microagresiones que nadie percibe más que tú.

En la familia, también lo hemos comentado, toma la forma del mártir o del salvador. Siempre aparece como el que más da, el que más sufre, y el que más aguanta. Y al mismo tiempo, siembra la culpa, divide, y enfrenta. Si alguna vez has sentido que te culpaban por no agradecer lo suficiente, por no ser como «deberías», por no corresponder a un amor supuestamente incondicional... sospecha también. El amor auténtico no exige retribución ni sumisión.

En el círculo social, el psicópata necesita brillar o controlar. Puede hacerlo desde el humor, desde el victimismo o desde la manipulación emocional. Siempre está al mando, aunque no lo parezca. Y cuando tú comienzas a cuestionar, cambia de estrategia, haciendo gala de su famoso *gaslighting*, y aparece con toda su artillería «Eso no pasó», «Estás demasiado sensible», «Siempre ves lo peor de mí». Y tú, que aún no quieres aceptar que estás frente a alguien sin conciencia, cedes. Una vez más.

TÉCNICAS PARA PROTEGERSE (SIN PARANOIA, PERO CON CLARIDAD)

El primer paso no es desconfiar de todo el mundo, sino empezar a confiar en tus sensaciones. ¿Sientes incomodidad, pero no tienes pruebas? Presta atención. ¿Te sientes culpable sin haber hecho nada malo? Alerta. ¿Tienes miedo de hablar claro porque sabes que la otra persona se lo tomará como un ataque personal? Estás ante una dinámica de poder desequilibrada.

¿Y qué hacemos entonces?

Primero, establece límites sin necesidad de explicarlos. No necesitas justificar cada decisión porque el psicópata, como bien sabes, se alimenta de tus explicaciones ya que estas le permiten encontrar las fisuras. Cada vez que justificas algo, le das acceso a una nueva rendija por la que entrar. Aprende a decir no. A veces sin más. Porque basta.

Evita confrontaciones emocionales, y no busques que entienda tu dolor, no le expliques cuánto daño hace. Después de todo, él no lo sentirá, y lo que sí hará es usar tu vulnerabilidad como prueba de que eres inestable, rencorosa o exagerada.

Rodéate de personas que no estén bajo su hechizo. Hemos visto como el psicópata necesita tu aislamiento, así que cuantos menos testigos tenga de lo que hace, más libertad para manipular tiene. Mantén espacios donde puedas hablar sin censura, donde puedas revisar la realidad con otros ojos. Tener una visión diferente.

Y si debes convivir con uno, porque a veces no queda otra, aprende a actuar, no a reaccionar. No le des emociones, dale silencio. No le muestres debilidad y manifiéstate neutral, como si fueras tú la que se ha vuelto fría, pero no para hacer daño... sino para sobrevivir.

El riesgo de obsesionarse (ni todo el mundo es psicópata, ni tú eres paranoico)

Detectar a un psicópata no es una ciencia exacta, por lo que caer en la paranoia puede ser igual de destructivo. Está claro que no todo el que miente es un psicópata, y no todo el que manipula lo hace con maldad estructural. Hay personas con un claro historial de heridas, patrones, neurosis, traumas... Pero cuando las señales se repiten, cuando la otra persona no parece aprender nunca, cuando el dolor que causa es siempre tu culpa... hay que mirar más allá.

La clave está en el patrón, en la reiteración y también en la ausencia de conciencia, en ese magnetismo extraño que genera esa persona incluso cuando ya sabes que no te hace bien. Si sientes que estás atrapada entre el rechazo y la fascinación, probablemente no estás frente a una simple personalidad difícil. Lo que estás es frente a alguien que usa tu empatía como trampolín, y en estos casos no basta con saber, hay que actuar.

Otra buena opción para aprender, para orientarse, es leer sobre el tema que te preocupa. Si bien, leer sobre psicopatía es solo el comienzo. Después hay que aprender a detectar, analizar, entender... eso es necesario. Pero el paso importante es decidir qué vas a hacer con toda esa información. ¿Vas a seguir justificando? ¿Vas a intentar salvarlo? ¿Vas a perder otra década esperando un cambio?

El psicópata invisible no necesita robarte la vida, pero si le dejas espacio, lo hará. Y lo hará con estilo, con una sonrisa, utilizando palabras maravillosas, y con argumentos impecables. Hasta que un día te mires al espejo y no sepas quién eres.

Por eso, más allá de la teoría, hay una urgencia vital que es proteger tu integridad, cuidar tu mente, recuperar tu voz. Porque no todos los monstruos rugen. Algunos de ellos te aplauden mientras te desangras, disfrutan. Y esto no es metáfora.

Detectar a un psicópata invisible antes de que te destroce emocionalmente no es una cuestión de suerte, sino de conocimiento. No se trata de convertirnos en cazadores de monstruos, pero sí de afinar muy bien el ojo. Porque aunque no podamos cambiar el mundo, sí podemos aprender a ver venir el golpe. Y eso, créeme, ya es mucho.

1. No confíes en la primera impresión, porque los psicópatas invisibles son seductores por naturaleza.

Pensemos en nuestra vida cotidiana. ¿Cuántas veces hemos dicho de alguien «Me cayó genial desde el primer momento»? Ese «clic» inicial, ese carisma que te hace sentirte especial, escuchado, valorado... es exactamente la herramienta favorita de los psicópatas sociales. Te envuelven en esa red invisible, tejida con elogios sutiles, una atención exagerada o una conexión que parece mágica.

No es amor a primera vista, es manipulación bien ensayada. Te leen como un libro abierto, detectan tus necesidades emocionales —ser visto, respetado, admirado— y se convierten, durante un tiempo, en tu espejo ideal. Hasta que ya no les sirves. O peor, hasta que dependes de ellos.

2. Olvidémonos del cine.

Aquí no hay música de tensión ni ojos inyectados en sangre. Las señales, en el mundo real, son mucho más sutiles y peligrosas precisamente por eso. Estas son algunas a tener en cuenta:

— Todo es demasiado rápido: te «leen» en minutos, te halagan, se presentan como tu alma gemela o como el socio perfecto. Cuidado: la prisa es la enemiga del discernimiento.

— La culpa siempre es tuya: nunca se equivocan, siempre hay una excusa. Si algo va mal, tú eres la que «No entendió bien», «Te ofendiste por nada» o «Tienes una herida no resuelta».

— Te aíslan sin que lo notes: al principio solo son sugerencias «Tu amiga no te entiende», «Tu familia te absorbe», «Ese psicólogo no te ayuda»... Cuando te das cuenta, ya estás sola.

— El silencio como castigo: aquí reaparece la llamada ley del hielo. Cuando te rebelas o cuestionas algo, desaparecen emocionalmente. Dejan de hablarte, de mirarte, de reconocerte. Es un castigo, un modo elegante de romperte sin tocarte.

— Todo gira en torno a ellos: sus logros, sus traumas, sus historias. Tú eres un personaje secundario en el guion de su vida.

Si sientes que poco a poco pierdes tu luz, tu voz, tu espontaneidad... no lo dudes. Estás siendo moldeada para encajar en su molde, y ese molde no te quiere libre, solo te quiere útil.

3. ¿Cómo convivir con ellos sin destruirte?

A veces no se trata de detectarlos a tiempo, ni tampoco de huir. A veces ya están ahí porque son tu padre, tu pareja, tu jefa, tu exmarido, tu hija. Salir corriendo no es una opción viable para ti. Hacer como que no pasa nada, tampoco. Entonces, ¿qué te queda?

Pensemos en nuestra vida cotidiana. ¿Cuántas veces has sentido que estás caminando sobre cristales, vigilando tus palabras, tus gestos, tus decisiones... para no provocar una tormenta? ¿Cuántas veces has dudado de ti mismo porque alguien que se supone que te quiere, te hace sentir pequeño, culpable o invisible?

Esa es la convivencia con un psicópata invisible. Y eso es, precisamente, lo que hay que desactivar.

- Primer paso: dejar de esperar justicia emocional

Convivir con un psicópata requiere aceptar algo brutal, que nunca va a pedirte perdón de verdad, nunca va a reconocer lo que te hizo, y tampoco esperes que vaya a despertar un día y decir «Me pasé, lo siento». Su cerebro no funciona de esa manera. Así que el primer paso es dejar de esperar justicia emocional. Porque cada vez que la esperas, te expones a una nueva decepción, a una nueva trampa.

No le hables en términos de empatía, ni le apeles al corazón. No intentes que se ponga en tu lugar, porque simplemente no sabe. O no quiere. O no puede. Si haces eso, tú te desgastas y él se alimenta.

En su mundo, el dolor del otro es una debilidad, y la culpa, una herramienta de poder.

Segundo paso: reconstruir tu frontera mental

La mayoría de víctimas que han tenido que convivir con un psicópata no sabían que podían decir no. No sabían que podían irse, ni física ni emocionalmente, porque el psicópata te atrapa antes en la mente que en el cuerpo. Por eso, el verdadero campo de batalla es interno.

Hay que levantar una frontera, una muralla mental. Inquebrantable. Un límite que no necesita ser explicado, ni defendido, ni justificado. Está ahí simplemente porque tú lo decides. Y si no sabes cómo empezar, empieza por lo más pequeño, por dejar de justificar sus actos a los demás. Deja de explicarte, deja de analizar por qué te hizo eso. No importa. Importas tú.

Cuando le restas espacio mental, empieza a perder todo su poder.

Tercer paso: relación mínima, energía mínima

Si no puedes cortar el vínculo (porque es tu jefe, tu madre, tu expareja con custodia compartida), entonces minimiza el impacto en ti. Responde solo lo imprescindible. No entres en debates, ni expliques tus decisiones. No le digas lo que sientes. Habla en monosílabos si hace falta. Reduce la interacción al plano funcional.

El psicópata no necesita contacto físico porque le basta con saber que te afecta. Si no le das esa satisfacción, se marchita. Y tú, poco a poco, recuperas el aire.

Cuarto paso: aprende a leer sus juegos

No te fíes de sus regalos repentinos, ni de sus gestos de aparente ternura. Están calculados siempre... Siempre. Cada movimiento amable es una inversión a futuro, y querrá algo a cambio. Aprender a leer sus juegos es clave para no caer.

Un ejemplo muy común es el «triangulador», ese que te compara con otros para rebajarte: «Mi ex sí me entendía», «Tu hermano nunca se queja», «Ojalá fueras como X». No respondas, ni tampoco compitas. No entres en su juego. Lo hace para mantenerte insegura y, por tanto, más manejable.

Otro juego clásico es la trampa del buen humor. Te hace reír, te relajas, crees que hoy no va a haber guerra... y entonces te lanza un dardo. El golpe viene cuando bajaste la guardia, aprende eso. Y si caes, no te culpes por haber caído, porque son profesionales.

Quinto paso: busca apoyo, pero con cuidado

Contarlo ayuda, pero cuidado con a quién. Muchas víctimas sufren una doble agresión: la del psicópata y la de su entorno que no cree, minimiza o incluso defiende al agresor. Busca gente informada, con criterio, que no te diga «bueno, es su forma de ser» o «seguro que tú también hiciste algo».

Y si no encuentras a nadie, busca terapia, pero no cualquier terapia. Busca a profesionales especializados en abuso emocional y relaciones tóxicas. La terapia tradicional puede fallar si no comprende la dinámica psicopática. No estás loco. Estás atrapado.

Sexto paso: redefine la idea de normalidad

Tras convivir con alguien así, lo más difícil es volver a confiar en otros, y en ti mismo. Has aprendido a sobrevivir leyendo entre líneas, anticipando ataques, dudando de tu percepción. Y cuando sales de ahí, todo parece inestable.

Pero eso no es fragilidad. Es lo que pasa cuando has vivido en modo alerta permanente, y tu sistema nervioso está saturado porque necesita tiempo.

Redefinir la normalidad es entender que no tienes que estar siempre alerta. Que no todo gesto amable es una trampa, y que puedes equivocarte sin ser destruido. Que mereces relaciones donde no tengas que ganarte el aire que respiras.

Séptimo paso: entiende que ya has hecho suficiente

Este capítulo no va de cómo salvar al psicópata, ni de cómo «llevarse bien». Va de cómo sobrevivir tú. Y si estás leyendo esto, es porque ya has hecho mucho y, posiblemente has aguantado demasiado. Y, lo más importante, ya has entendido más de lo que nadie debería tener que entender.

Ahora se trata de vivir con un poco más de paz. Aunque sigas compartiendo espacio, apellido o proyecto con alguien que no te ve como un igual, se puede. No es justo, y tampoco fácil. Pero poder se puede.

Y no, no estás solo. No estás sola. Hay miles como tú, millones. Gente que ha aprendido a convivir sin ceder su alma. Personas que, sin haber alzado nunca la voz, han hecho una revolución interna, la de no dejarse destruir.

4. Cómo protegerte (sin encerrarte en una burbuja de sospecha)

Lo sé, después de leer esto, una persona puede volverse hipervigilante... ver psicópatas en cada esquina. Y ese tampoco es el objetivo. No se trata de vivir paranoica, sino de aprender a escuchar las señales internas que muchas veces silenciamos por educación, por miedo al conflicto o por baja autoestima.

Primero, aprende a confiar en tu incomodidad. Esa sensación difusa de que algo no cuadra. Que estás siendo «tocada» en lugares sensibles de forma poco limpia. No lo descartes y tampoco lo racionalices. No digas «Es que soy muy sensible». No. Esa intuición muchas veces es la única alarma que tenemos cuando el otro domina todas las demás.

Segundo, no expliques tus límites, solo ponlos. Si alguien los cruza una y otra vez y encima se ofende porque le marcas el espacio, es que no quiere un vínculo, lo que quiere es obediencia.

Tercero, observa cómo se comporta con los demás. No con los iguales, sino con los que no pueden devolverle nada: camareros, limpiadoras, personas mayores. El respeto genuino no se finge.

Cuarto, escucha cómo habla de sus exparejas, sus jefes anteriores, sus «enemigos». Si todos están locos, si todos le traicionaron, si todos son «malas personas»... lo más probable es que el problema esté en el relato, no en los personajes.

Quinto, pon atención al lenguaje que usan cuando cometes un error. ¿Te acusan? ¿Se burlan? ¿Te lo recuerdan durante semanas? Las personas empáticas te corrigen con compasión. Los psicópatas, con desprecio camuflado.

5. Repasamos las técnicas de autoprotección emocional para no caer en la telaraña

Tener estrategias no es paranoia, es una especie de higiene emocional. Igual que te lavas las manos antes de comer, deberías saber cómo protegerte de quien puede envenenarte emocionalmente sin que lo notes.

Ten una red de validación externa: amigos, terapeutas, familia. No entregues tu percepción de la realidad a una sola persona.

Escribe lo que sientes: muchas víctimas de psicópatas integrados descubren lo que estaban viviendo al releer sus propios diarios. El *gaslighting* es más fácil de detectar en retrospectiva.

No temas parecer «fría» al marcar límites. Es mejor ser tachada de distante que convertida en presa.

Pon a prueba su respuesta al no: un psicópata no acepta un «no» sin consecuencias. Un adulto emocionalmente sano, sí.

Haz preguntas abiertas y escucha las evasivas: si el otro esquiva, manipula o te devuelve la pregunta… alerta.

Y sobre todo, insisto, no confundas intensidad con amor. Ni admiración con vínculo, ni dolor con crecimiento. Eso también nos lo han enseñado mal.

6. Y si ya estás dentro… también hay salida

Si estás leyendo esto y todo te suena demasiado… no estás sola, no estás solo. Muchos hemos pasado por ahí. Lo importante no es cómo entraste, sino cómo decides salir.

Romper con un psicópata invisible es como desactivar una bomba emocional. No hace ruido, pero el daño es bien profundo. Por eso, cuando das el paso, es fundamental tener una estrategia. En el siguiente recuadro vamos a resumirlas.

No expliques demasiado tu salida. No estás ahí para darle el cierre que necesita. Estás ahí para protegerte.

Corta contacto todo lo posible. Nada de «seguimos siendo amigos». Cierre total. Ellos no sueltan fácil.

Refuerza tu autoestima. Terapia, escritura, arte, naturaleza, lo que sea. Pero necesitas volver a escucharte sin interferencias.

Prepárate para el contraataque emocional: chantaje, difamación, victimismo. Forma parte del proceso. Es solo ruido.

Finalmente...

No podemos vivir con una lupa emocional todo el día, pero sí podemos aprender a escuchar lo que callamos. A afinar el oído ante las incoherencias disfrazadas de bondad, y tomar distancia cuando lo que parece ayuda empieza a doler. Y, sobre todo, a dejar de justificar lo injustificable.

Porque los psicópatas invisibles no vienen con una etiqueta, pero sí dejan un rastro, el tuyo, cuando te vas apagando poco a poco. Y tú no estás aquí para apagarte, estás aquí para verte, escucharte, y también para protegerte.

PARTE VI.
FINAL ABIERTO, ALERTA ACTIVA

28. ¿Se puede curar a un psicópata?

La idea de curar a un psicópata es, en el mejor de los casos, una fantasía con buenas intenciones y, en el peor, una trampa peligrosa para víctimas, terapeutas y el propio sistema judicial. ¿Por qué insistimos, entonces, en redimir lo que por definición parece no tener redención? ¿Qué nos empuja a buscar humanidad donde no la hay? Tal vez el problema no esté solo en ellos, sino en nosotros, en nuestra necesidad de creer que todo es salvable, incluso lo que ya ha demostrado, una y otra vez, que no lo es.

El psicópata no llega a la consulta pidiendo ayuda. No se desmorona porque no duerme, ni busca sanar vínculos rotos. Si está en terapia, lo más probable es que lo haya ordenado un juez, o que lo use como estrategia para lograr un beneficio legal o social.

Quiero decir con esto que su presencia en la sala no es una confesión ni tiene nada de voluntaria, sino que, más bien, se trata de una puesta en escena muy bien pensada. Y, en esa función, todos —terapeutas incluidos— podemos convertirnos en público cautivo.

Resulta obvio que existe un mito persistente en la cultura de la salud mental que es el de la rehabilitación universal. Todo el mundo puede cambiar, todo el mundo merece una segunda oportunidad. Y, en muchos casos, esto es cierto. De hecho, soy una firme defensora de las segundas oportunidades. Pero el psicópata no está simplemente herido, confundido o malcriado. No tiene una estructura emocional como la tuya. No sufre como tú, no ama como tú, no necesita como tú y, por tanto, no cambia como tú.

Durante años, algunos enfoques psicoterapéuticos intentaron abrir puertas en ese muro de piedra. Se habló de trabajar desde la empatía cognitiva, desde el entrenamiento emocional, desde la reconexión con la culpa. Pero hay un detalle inquietante, y es que, para que una terapia funcione, el paciente debe desear cambiar. Y, en este caso, el psicópata, por definición, no siente que tenga un problema. El problema siempre son los otros, todos los que le decepcionan, le fallan, le traicionan. Él solo se adapta, se defiende, actúa con lógica, es el mundo el que no entiende.

Y, sin embargo, seguimos intentándolo. Tal vez porque nos cuesta aceptar la existencia de lo irreparable, tal vez porque un sistema penal que cree en la reinserción necesita pensar que el psicópata también puede reinsertarse —en el caso del psicópata criminal—. Tal vez porque los terapeutas, los jueces y la sociedad entera prefieren no mirar a los ojos el abismo que representa alguien sin conciencia viviendo a nuestro lado. Pero el resultado, casi siempre, es el mismo: frustración, manipulación, recaídas. Y, en muchos casos —los más—, nuevas víctimas.

Te sugiero que por un momento te pongas en la piel de la víctima (yo también). Cuestionemos entonces qué haríamos si una persona nos engaña, nos hiere, nos arruina emocional o económicamente, pero llora, se disculpa, promete mejorar, se arrepiente... Tendemos a creerle. A darle una segunda oportunidad. Porque así funciona la convivencia humana. Pero cuando quien tenemos delante es un psicópata, esa lógica nuestra se convierte en su mejor arma. Aprende lo que nos conmueve, lo que nos desarma, lo que nos hace aflojar las defensas. Y lo utiliza sin el menor reparo.

No todo psicópata es violento —eso lo estamos viendo—, ni todos cometen delitos, pero cuando lo hacen, la posibilidad de que reincidan es altísima. El psicópata no se «rehabilita», se perfecciona. Aprende del error, pero no para crecer, sino para no volver a ser atrapado. Su capacidad de adaptación es brillante, pero no porque se transforme, sino porque calcula mejor. Lo que cambia no es su esencia, sino su estrategia de hacer las cosas.

Finalmente, deberíamos hacernos una pregunta incómoda ¿a quién beneficia la idea de que se pueden curar? A veces, al propio psicópata, que encuentra una nueva narrativa con la que embaucar a su entorno. Otras, al sistema judicial, que necesita justificar determinadas decisiones. Y no pocas veces, al negocio terapéutico, que ofrece programas, libros y tratamientos milagrosos para quienes quieren creer en lo imposible. Porque si algo sabemos con certeza es que el psicópata invisible siempre está atento al discurso que le permite encajar. Incluso en el diván.

El fracaso de la empatía forzada: cuando la terapia alimenta al psicópata

Durante décadas, psicólogos bienintencionados —y algunos no tanto— han intentado lo impensable, enseñar empatía a quien no tiene estructura neuronal ni emocional para sentirla. El resultado ha sido, en muchos casos, una catástrofe disfrazada de intervención terapéutica. Porque cuando el psicópata entra en terapia, no lo hace para sanar, lo hace para estudiar. Y cuando aprende a identificar mejor las emociones ajenas, no las integra, las imita, las usa, las perfecciona.

Y esto que digo no es una exageración, ni mucho menos. Hay estudios, especialmente en contextos penitenciarios, que demuestran que los psicópatas que reciben tratamiento psicológico tradicional pueden volverse más peligrosos. Aprenden qué decir, cuándo parecer vulnerables, cómo modular el discurso para resultar convincentes. El objetivo no es la introspección, sino la eficacia. Les estamos dando, en bandeja, el manual emocional del ser humano que ellos no son, pero que fingen con una frialdad calculada al detalle.

Pensemos en algunos tratamientos estándar: *role-playing*, identificación de emociones en el otro, análisis de dilemas morales. Todo eso, en un sujeto empático, puede ser revelador, sin embargo, en un psicópata, es como darle el mapa al ladrón. Le das acceso a lo que el resto de la humanidad siente de forma espontánea, para que lo reproduzca de manera estratégica. No es que desarrollen conciencia, ni mucho menos, es que perfeccionan su estrategia.

Uno de los programas más conocidos para tratar a delincuentes violentos, el *Hare Psychopathy Checklist-Revised* (PCL-R), ha sido usado no solo para evaluar, sino también para diseñar abordajes clínicos. Sin embargo, incluso su creador, el psicólogo Robert Hare, advirtió sobre los riesgos de usar terapias tradicionales con psicópatas. La frase que utilizó es demoledora «Estamos entrenando depredadores más eficientes». Da escalofríos solo leerlo.

Y es que el psicópata puede fingir la transformación con una maestría que haría temblar a cualquier actor de método. Lloran, reconocen errores, hacen promesas, relatan traumas... todo con un nivel de detalle que conmueve. Pero no hay sentimiento, no hay culpa, hay guion. Y ese guion, muchas veces, ha sido perfeccionado en el espacio seguro de una consulta terapéutica.

Es lógico pensar que los terapeutas no están siempre preparados para esto. No porque no tengan formación, sino porque la estructura misma de la terapia parte de un contrato de honestidad siempre «Yo me muestro, tú me ayudas». Pero con un psicópata ese contrato es una broma. Ellos no vienen a mostrarse, sino a observar, porque en realidad no buscan ayuda, buscan el control. Y si logran seducir al terapeuta, el éxito está completo. Tienen validación, coartada y, en muchos casos, diagnóstico favorable para presentarse como recuperados.

Si bien, el problema se agrava cuando este tratamiento ocurre dentro del sistema judicial. Un psicópata que sabe usar el lenguaje terapéutico puede salir antes de prisión, obtener la custodia de sus hijos, recuperar derechos o esquivar condenas. Solo necesita una cosa: convencer. Y si ha pasado por consulta, ya sabe cómo hacerlo.

¿Deberíamos, entonces, renunciar a todo intento de intervención? No necesariamente. Pero sí deberíamos abandonar el modelo tradicional cuando estamos frente a un perfil psicopático. Porque lo que funciona con el común de los mortales, con ellos no solo es ineficaz, sino que es contraproducente.

De hecho, en algunos países se han intentado abordajes alternativos, más centrados en el control del comportamiento que en el cambio emocional. Se trabajan rutinas, autocontrol, reconocimiento de límites legales. Se establecen sistemas de recompensa-pérdida muy claros, sin apelar a la culpa ni al vínculo. Pero incluso en esos casos, el porcentaje de éxito es bajísimo.

Porque por naturaleza no podemos cambiar lo que no sufre por ser como es. No podemos moldear a quien no se siente roto. Y, por mucho que nos duela, debemos aceptar que hay cerebros que funcionan sin empatía, sin remordimiento, sin conexión con el otro. Son una anomalía, sí, pero existen. Y pretender que se curen solo porque nos da miedo su existencia es infantil. Y peligroso.

El caso es que este fracaso de la empatía forzada no solo afecta al psicópata y a la víctima, también golpea al terapeuta, que puede sentirse usado, manipulado, incluso cómplice involuntario. La consulta se convierte en un campo de batalla donde la buena fe no siempre gana. Y el monstruo, ahora más entrenado, sale al mundo con una nueva máscara, la del paciente recuperado.

LA CURA QUE NADIE QUIERE PROBAR

En el fondo, la gran paradoja sobre la «cura» de la psicopatía es que no se trata solo de saber si es posible, se trata de saber si alguien quiere realmente intentarlo. Y cuando digo «alguien» no me refiero solo al propio psicópata —que, como ya sabemos, suele ver el problema en los demás—, sino al sistema en su conjunto: terapeutas, instituciones, la justicia, la sociedad... tú mismo. Porque admitir que un psicópata puede curarse implica una carga ética enorme, significa que quizás no sea un monstruo irrecuperable, sino un sujeto con posibilidades. Pero ¿quién quiere asumir ese riesgo?

Pensemos en nuestro día a día. Imagina que una clínica asegura tener un tratamiento con un 15 % de éxito en psicópatas violentos reincidentes. ¿Aceptarías que uno de ellos, tras la terapia, fuera el nuevo profesor del colegio de tus hijos? ¿O el gerente del banco donde guardas tus ahorros? La respuesta visceral es no. Porque la palabra «psicópata» activa nuestras alertas más profundas, y porque la confianza no se recupera con estadísticas.

Durante años, algunos centros de alta seguridad en EE. UU., Canadá o Reino Unido han intentado programas de tratamiento para delincuentes psicopáticos. Uno de los más citados es el infame caso de Oak Ridge, un hospital psiquiátrico en Ontario que, durante las décadas de los 60 y 70, aplicó un método que hoy sería considerado tortura: el «Defensive Regression Therapy», donde se dejaba a los internos aislados, desnudos y drogados con LSD, en sesiones de «autoexploración intensiva». El resultado fue desastroso, y fueron muchos los que salieron peor de lo que entraron. No hubo curación, lo que sí hubo fue mucho trauma.

Sin embargo, este experimento fallido alimentó la idea de que el psicópata no tiene solución. Si bien, no todos los enfoques en investigación fueron tan extremos. En Noruega, por ejemplo, la prisión de Halden ha tratado de aplicar modelos de reinserción incluso a perfiles extremos, con una combinación de respeto, estructura y contacto humano. En lugar de celdas lúgubres, hay estudios luminosos, programas culturales y trabajo terapéutico diario. ¿Los resultados? Moderados, pero esperanzadores: menos reincidencia, menos agresividad, más capacidad para convivir sin ejercer control.

Ahora bien, la pregunta sigue abierta: ¿qué parte del cambio es auténtico y qué parte es simplemente una mejor máscara? Porque el psicópata no deja de ser experto en mimetizarse con lo que espera el entorno. Cabe la duda, pues, de que no haya cambiado en lo esencial, y que solo haya perfeccionado sus herramientas de trabajo.

También es cierto que uno de los mayores problemas a la hora de tratar la psicopatía es que muchas terapias tradicionales están diseñadas para personas que quieren cambiar. Personas que sufren, que sienten culpa, que tienen empatía por el daño causado. Pero el psicópata no parte de esa base. Por eso, en muchos casos, la terapia se convierte en una especie de entrenamiento, y el psicópata aprende cómo hablar para sonar arrepentido. Aprende qué gestos usar para parecer vulnerable, y lo que es peor, aprende a manipular al terapeuta.

De hecho, hay estudios que muestran que los psicópatas que reciben terapia en prisión pueden salir incluso más peligrosos. Han aprendido el vocabulario del remordimiento. Han desarrollado nuevas estrategias de manipulación, en las que en lugar de inhibir su conducta, la han perfeccionado.

Entonces, ¿vale la pena intentarlo?

Algunos psicólogos forenses opinan que sí. Pero yo añadiría que no con los métodos convencionales, y no con objetivos de redención emocional. La clave estaría en enseñar autocontrol, gestión del impulso, comprensión de consecuencias. En lugar de intentar que sientan culpa —algo que no pueden experimentar por mucho que se ensaye—, se busca que comprendan que ciertos actos tienen consecuencias negativas para ellos mismos. Es decir, no matarás porque está mal, sino porque acabarás en una celda sin poder controlar a nadie más.

Este enfoque pragmático tiene algo de inquietante, pero es posiblemente el más realista de todos. Se trata de negociar con la parte fría del psicópata, y apelar a su ego —que de eso tiene mucho—, no a su conciencia. Sin embargo, esto funciona mucho mejor con psicópatas no violentos, especialmente con los que estamos tratando aquí, los «invisibles». Aquellos que, en lugar de asesinar, estafan, manipulan, humillan o explotan emocionalmente en entornos cotidianos. Aquí, el tratamiento puede centrarse en límites claros, consecuencias sociales y reeducación de patrones tóxicos. No en redención, ni en lágrimas de cocodrilo.

Otro de los programas que ha ganado cierta relevancia en los últimos años es el STAIR (Skills Training for Affect and Interpersonal Regulation), diseñado inicialmente para víctimas de trauma, pero adaptado a sujetos con trastornos de personalidad. No busca que el psicópata se convierta en un ser empático, sino que aprenda a identificar las reacciones de los demás, a anticipar respuestas, a reducir conductas impulsivas ¿Es eso una cura? No. Es un parche. Pero al menos reduce el daño.

Y sin embargo, incluso los profesionales más optimistas coinciden en que el tratamiento solo sirve si el psicópata quiere participar. Si no hay motivación, todo intento es un juego de máscaras que solo obtendrá resultados fallidos, y en el mejor de los casos, parciales. Y aquí llegamos al punto más delicado

¿qué incentivos tiene un psicópata para cambiar? A menudo, la respuesta es ninguno.

Tenemos que entender que en su mundo, ellos no son el problema. Son los demás los que no entienden. Y si el entorno sigue premiando la apariencia, el carisma, la agresividad disfrazada de liderazgo, ¿por qué cambiar?

Con todo, hay que admitir algo incómodo que hacemos como sociedad, y es que seguimos aplaudiendo a muchos psicópatas funcionales. Les damos poder, les damos votos, les compramos libros, les abrimos platós de televisión... les amamos. Mientras sigamos confundiendo éxito con virtud, encanto con ética y ambición con valor, no habrá ninguna cura posible. Porque no estamos combatiendo la psicopatía, la estamos normalizando.

Entonces, tal vez, antes de preguntarnos si el psicópata puede curarse, deberíamos preguntarnos si nosotros queremos que lo haga. O si preferimos seguir fingiendo que no lo vemos, mientras sonríe desde la cima.

LAS FALSAS PROMESAS DE LA REDENCIÓN

La redención es un concepto poderoso. Tiene raíces religiosas, filosóficas, literarias. Nos reconcilia con la idea de que todo puede tener sentido, incluso el horror. Es la esperanza de que el monstruo se arrepienta, de que el asesino llore, de que el lobo se convierta en pastor. Pero cuando hablamos de psicopatía, la redención es, en la mayoría de los casos, un espejismo. Un autoengaño colectivo, y una necesidad moral de creer que incluso los que nacieron sin alma pueden, algún día, encontrarla.

Encontramos ejemplos en las noticias de cada día, cuando anuncian con emoción que un violador en serie ha aprendido a meditar en prisión, que un estafador profesional ha escrito un libro sobre autoconocimiento, o que un parricida ayuda a otros presos a estudiar Derecho. Queremos pensar que hay una moraleja detrás del crimen, que la cárcel es el purgatorio antes del cielo. Que todo dolor, al final, sirve para algo. Pero la psicopatía no funciona así.

En los últimos años, han proliferado documentales y entrevistas donde psicópatas diagnosticados explican su «despertar». Hablan de su infancia difícil, de la soledad, de las adicciones que han sufrido. Y sí, muchas veces hay dolor detrás, eso no lo dudo. Pero no confundamos el dolor con el remordimiento. Lo que vemos suele ser una sofisticada operación de relaciones públicas porque está claro que el psicópata redimido es un producto muy rentable para muchos; da titulares, despierta simpatía y reafirma la idea de que somos buenos por naturaleza, y que hasta el demonio puede arrepentirse si lo abrazamos con suficiente amor. Aunque la realidad, es otra, y muchos de estos testimonios, aunque nos duela —porque duele—, tienen más de manipulación que de transformación.

El problema está en que confundimos la apariencia de cambio con el cambio real. Un psicópata puede aprender perfectamente a imitar el lenguaje emocional. Puede memorizar lo que debe decir en una terapia, decir «Me siento culpable» sin saber lo que eso significa, pedir perdón sin sentir el más mínimo dolor por el daño causado ¿Cómo saber entonces si ese «arrepentimiento» es real o forma parte de su guion de conveniencia?

Volvamos a las prisiones. Se ha documentado que muchos psicópatas adaptan su comportamiento durante el encierro únicamente para obtener beneficios como la reducción de condena, el acceso a programas, incluso entrevistas mediáticas. Aprenden a parecer vulnerables. Algunos hasta se convierten en portavoces contra la violencia, como si una parte de ellos pudiera dividirse y mirar con vergüenza al resto. Pero esa escisión emocional no es más que una representación porque ellos no sienten culpa, pero saben a la perfección que tú sí.

Y ahí reside el truco: juegan con tu necesidad de creerles.

A menudo, los tribunales enfrentan este dilema: ¿qué hacer

con alguien que muestra un «cambio ejemplar»? ¿Liberarlo? ¿Reinsertarlo? ¿Arriesgarse a que reincida? Porque claro, en el papel todo está bien, ha hecho cursos, ha trabajado, se ha portado correctamente. Pero por dentro, ¿ha cambiado algo? La ciencia dice que no hay una cura demostrada. Entonces, ¿por qué seguimos premiando la actuación?

Es el efecto del relato redentor. Un relato que necesita a su protagonista arrepentido para tener sentido.

Y, sin embargo, hay matices.

Algunos expertos han empezado a hablar de lo que podríamos llamar «gestión funcional del daño». Es decir, enseñar a ciertos perfiles psicopáticos a evitar el mal no por ética, sino por conveniencia. No porque les duela causar sufrimiento, sino porque entienden que eso puede llevarles a la cárcel, a la ruina o a la soledad. Es una especie de reeducación sin alma, basada en límites externos, no en valores internos, que sería lo más normal. ¿Funciona? A veces. Pero no es una cura. Es una estrategia de contención para ver qué pasa. ¿Queremos eso? ¿Nos basta con un psicópata que no actúe como tal si aprendió que no le conviene?

Hay también quienes defienden la reinserción total desde una postura más filosófica. Aseguran que nadie debería ser definido por sus actos más oscuros, y etiquetar a alguien como «psicópata» es cerrarle las puertas a cualquier posibilidad de redención. Que incluso los cerebros más fríos pueden, si se les da la oportunidad, encontrar un modo de vivir sin dañar a los demás. Es un discurso noble. Pero ¿es realista?

Muchos profesionales que han trabajado años con este tipo de perfiles reconocen la dificultad de distinguir el cambio auténtico del cambio simulado. Y más aún, reconocen que hay casos donde el supuesto «progreso» del paciente solo sirvió para perfeccionar lo que hacen y cómo lo hacen. ¿Cómo llamas a alguien que usa la terapia para volverse más peligroso? ¿A alguien que finge el dolor para salir antes y dañar mejor?

Por eso, algunos psicólogos forenses han pedido prudencia antes de considerar a ciertos reclusos como ejemplos de redención. Porque el psicópata que sonríe en la entrevista de televisión, que dice «Me equivoqué, pero ahora entiendo», puede estar preparando su regreso al escenario, solo que con otro guion.

Finalmente, tenemos que hablar de nosotros. De por qué queremos tanto creer en esa redención. La respuesta es porque nos incomoda la idea de que hay personas que no pueden cambiar, y esa idea nos deja sin consuelo y también sin solución. Pero negar esa realidad no la transforma.

Lo más ético, tal vez, no sea dar una segunda oportunidad a quien no la pide sinceramente. Sino proteger a quienes podrían ser su próxima víctima. En estos casos, quizá, lo compasivo no es soltar al lobo con la esperanza de que se haya vuelto vegetariano, porque no por eso deja de ser peligroso.

29. ¿Podremos reprogramar sus cerebros?

Acabamos de ver como la historia está plagada de intentos por domesticar aquello que nos da miedo. Al principio fue la religión, luego el derecho, más tarde la medicina, la psiquiatría, la farmacología, las terapias alternativas. Y hoy, en este siglo de lo intangible, de lo neuronal, de la inteligencia artificial y los algoritmos, la esperanza se proyecta directamente en el cerebro. Si la raíz del mal está ahí dentro, en un órgano que podemos escanear, estimular o incluso modificar, ¿podremos cambiarlo? ¿Podremos desactivar el mal? ¿Reprogramar un psicópata?

La pregunta suena a ciencia ficción, pero está en la agenda de muchos laboratorios, congresos y artículos académicos. No es un delirio, hay investigaciones serias, millones de euros y voluntades cruzadas detrás de esta idea. Y como toda buena idea, lleva implícito un riesgo. Porque donde hay posibilidad de curar, también hay posibilidad de controlar, de eliminar lo incómodo, de moldear al individuo según parámetros de aceptabilidad que nadie ha definido todavía.

Así que vamos por partes. Lo primero es reconocer una verdad incómoda, porque no todos los cerebros son iguales, y no todos los cerebros reaccionan igual al sufrimiento, a la empatía o a la culpa. La neurociencia ha confirmado lo que antes era intuición o diagnóstico clínico, y es que el cerebro del psicópata tiene diferencias estructurales y funcionales con el de una persona no psicópata.

En concreto, hablamos de la amígdala y de la corteza prefrontal. La amígdala es la parte del cerebro que procesa el miedo y las emociones. En muchos psicópatas, esta estructura aparece hipoactiva, no se enciende con las mismas señales que perturban al resto. Puedes mostrarle imágenes de violencia, sufrimiento o muerte, y su respuesta será casi plana. Pero esto no significa que no entiendan el dolor, es que no lo sienten. Así de simple.

La corteza prefrontal, por su parte, regula la toma de decisiones, el control de impulsos, la planificación. En muchos casos de psicopatía, se observa un déficit en esta zona; menor conectividad, menor actividad, menor filtro. Esto explicaría por qué muchos psicópatas actúan de forma fría, sin remordimientos, sin medir las consecuencias emocionales de sus actos. Y también aclararía por qué repiten patrones destructivos sin aprendizaje aparente.

Ahora bien, saber que el cerebro es distinto no implica que podamos repararlo como si fuera una pieza averiada de un coche. La plasticidad cerebral existe, sí. El cerebro cambia, se adapta, crea nuevas conexiones, pero ese cambio requiere motivación, contexto, repetición y, sobre todo, un cierto grado de conciencia emocional que el psicópata, por definición, no tiene.

Entonces, surge la siguiente pregunta; ¿podemos modificar ese cerebro desde fuera? Y aquí es donde entramos en terreno resbaladizo. Algunos estudios han experimentado con estimulación magnética transcraneal (TMS), una técnica que aplica pulsos magnéticos sobre zonas específicas del cerebro para modular su actividad. En pacientes con depresión, por ejemplo, se ha demostrado cierta eficacia. En el caso de la psicopatía, la idea sería activar las zonas dormidas, como la amígdala o la corteza prefrontal, y así inducir una mayor empatía o control emocional. Sin embargo estamos lejos de resultados concluyentes y, lo que es más importante, nadie ha respondido aún a la pregunta ética clave: ¿queremos hacerlo?

Porque una cosa es tratar una enfermedad que causa sufrimiento al propio paciente —como la depresión o la ansiedad— y otra muy distinta es intervenir sobre una persona que no siente ningún malestar y que, además, no desea cambiar. ¿Con qué derecho? ¿Con qué criterios? ¿Bajo qué autoridad se decide que su cerebro debe ser modificado?

La idea de reprogramar cerebros tiene ecos totalitarios si se fuerza desde fuera. Imaginemos un mundo donde alguien pueda ser obligado a someterse a una modificación neuronal «por su propio bien» o «para proteger a la sociedad». El pasado está lleno de ejemplos terribles: lobotomías, *electroshock*, esterilizaciones forzadas, terapias de conversión. Todo en nombre de la corrección, en nombre del bien común.

Pero hay otro camino, y es el del consentimiento informado, la voluntariedad, la tecnología puesta al servicio de quien realmente quiere cambiar. Aquí entran en juego otras técnicas emergentes como la neuroretroalimentación (*neurofeedback*), que es la realidad virtual aplicada a la empatía, e incluso —aunque suene a distopía— ciertos programas de modificación de conducta basados en inteligencia artificial.

La neuroretroalimentación, por ejemplo, permite al sujeto observar en tiempo real la actividad de su cerebro y aprender, con entrenamiento, a modularla. Hay estudios incipientes en centros penitenciarios donde algunos reclusos participan en programas de este tipo. ¿Los resultados? Prometedores, pero aún preliminares. Y siempre con el mismo obstáculo: si la persona no cree que tiene un problema, no hay entrenamiento que valga.

Y aquí llegamos al corazón del asunto, que es el deseo de cambio. Porque se pueden tener todos los recursos tecnológicos del mundo, pero si no hay una rendija por la que entre la autocrítica, el reconocimiento de daño causado, la necesidad de reparar, todo esfuerzo será en vano, porque sin verdad interior, no hay reprogramación posible.

¿Y LA FARMACOLOGÍA?

Ahora bien, si la vía tecnológica aún no nos permite reconfigurar el alma a través del lóbulo frontal, la pregunta que se abre es si podemos al menos modular la conducta del psicópata. No curar su mente, pero sí domesticar su comportamiento. Y ahí entra la vieja conocida: la farmacología.

Durante décadas, se han probado distintos fármacos para reducir la impulsividad, la agresividad o la irritabilidad en personas con trastornos de conducta. Algunos antipsicóticos atípicos, estabilizadores del ánimo o inhibidores selectivos de la recaptación de serotonina han mostrado cierto impacto en casos muy concretos. Pero no nos engañemos, estos fármacos no inducen empatía, ni activan el sentimiento de culpa. Lo que hacen es rebajar la respuesta emocional —cuando la hay— o limitar ciertos impulsos. Sin embargo, el vacío sigue ahí.

El psicópata medicado puede parecer menos peligroso, más funcional, pero eso no significa que esté más cerca de sentir como tú. Solo significa que ahora calcula mejor, con menos riesgo de descontrolarse. Y si algo sabemos sobre ellos es que, cuando aprenden a controlar su rabia sin perder eficacia, se vuelven aún más letales. La psicopatía bajo control químico es una variante aún más silenciosa del mismo monstruo.

No podemos olvidar tampoco el riesgo de simulación del que hemos hablado en el capítulo anterior. Muchos psicópatas son hábiles en leer lo que los demás esperan de ellos, y para ello se adaptan, fingen y aprenden a utilizar el lenguaje emocional sin sentirlo. En un entorno terapéutico o carcelario, esto puede traducirse en respuestas «modelo» durante evaluaciones clínicas, simulacros de arrepentimiento y adhesión a tratamientos que nunca han creído necesarios. No están cambiando; están interpretando un papel. Y lo hacen tan bien, que engañan incluso a los expertos.

¿Cuántas veces hemos creído que alguien «estaba cambiando», solo para darnos cuenta de que era una estrategia más refinada? Ahora imagina eso amplificado por una estructura cerebral que no conoce el remordimiento. Eso es lo que estamos intentando «curar».

En este contexto, algunos investigadores han sugerido una vía intermedia: no curar, pero sí limitar la capacidad de daño. Es decir, tratar al psicópata como un sujeto de riesgo crónico, al estilo de ciertas enfermedades mentales graves o condiciones neurológicas degenerativas. No para estigmatizar, sino para asumir que no hay «alta médica» posible, y que el control debe ser permanente, multidisciplinar y sin eufemismos.

Esto, por supuesto, levanta ampollas, y muchas, porque implica etiquetar a alguien de por vida, implica restringir derechos con base en un diagnóstico que no todos aceptan como enfermedad, reabrir un debate ético que nos incomoda: ¿se puede privar de libertad o limitar la autonomía a alguien que aún no ha cometido un crimen, pero podría hacerlo por su perfil? ¿Dónde queda la presunción de inocencia? ¿Y si el perfil falla?

FALSOS POSITIVOS

Porque la otra gran trampa es la de los falsos positivos. En nuestra obsesión por detectar psicópatas antes de que actúen, podemos acabar señalando a personas simplemente frías, introvertidas o socialmente disonantes. No todo el que no llora en los funerales es un psicópata, y no todo el que no se inmuta ante el dolor ajeno es un criminal en potencia. El riesgo de patologizar la diferencia es enorme.

Y sin embargo, ahí estamos, cada vez más cerca de sistemas que evalúan rasgos de personalidad con algoritmos, que analizan patrones de voz, microexpresiones, comportamientos digitales. El perfilado psicológico automatizado ya no es ciencia ficción, se está usando en procesos de selección de personal, vigilancia fronteriza y entornos educativos. ¿Lo siguiente? ¿Detección precoz de psicopatía en niños? ¿Pruebas neurocognitivas masivas en las escuelas?

Finalicemos con una imagen inquietante, un mundo donde un niño de ocho años es etiquetado como «riesgo psicopático» por no mostrar suficiente empatía en un test estandarizado. Donde su escolarización se adapta a ese pronóstico, donde sus padres lo educan bajo sospecha y nunca se le da la oportunidad de ser otra cosa. Porque ahí reside el dilema final: ¿podremos reprogramar sus cerebros… o seremos nosotros los que terminemos reprogramados?

EXPERIMENTOS EXTREMOS

Aquí entraremos en una de las cuestiones más debatidas por los expertos, en los experimentos más extremos, en los intentos transhumanistas por modificar la moralidad desde la neurociencia y en el nuevo concepto que empieza a inquietar a filósofos y clínicos, lo que llamamos la ética artificial.

Volvamos al corazón de la pregunta, pero desde otro ángulo. ¿Y si el problema no fuera solo que no podemos curar a un psicópata, sino que cada vez queremos más que lo hagamos? Porque esa obsesión con «arreglarlos» dice tanto de ellos como de nosotros. No soportamos la existencia de alguien que no se conmueva, nos repele ese vacío emocional, pero más nos descoloca que no haya forma de llenar ese hueco. Necesitamos creer que todo se puede sanar, incluso aquello que nunca estuvo herido.

Este pensamiento ha alimentado una línea de investigación que en otra época habría sido vista como locura o distopía: la modificación moral mediante neurotecnología. Es decir, usar impulsos eléctricos, estimulación cerebral profunda o ingeniería genética para inducir sentimientos como la culpa, la empatía o la compasión.

De hecho, en algunos laboratorios ya se investiga cómo ciertos niveles de oxitocina y dopamina podrían alterar la percepción de los vínculos humanos. Se han hecho pruebas con ratas para inducir conductas cooperativas, y se han planteado modelos de intervención neuronal que, en teoría, podrían amplificar ciertas respuestas afectivas. La idea suena a ciencia ficción... hasta que recuerdas que el mismo método se ha probado con éxito en pacientes con depresión, trastorno obsesivo o incluso adicción severa.

¿Y si un día pudiéramos activar la empatía como se activa una luz? ¿Y si bastara una pastilla, una descarga o una modificación genética para «humanizar» un cerebro psicopático?

Parece tentador, pero ahora pensemos en sus consecuencias. Si un juez obliga a un psicópata a someterse a una reprogramación afectiva, ¿sigue siendo responsable de sus actos? ¿Podrá decirse que su arrepentimiento es auténtico? ¿O solo una consecuencia química? Y lo más perturbador, si un Estado puede inducir emociones, ¿qué le impide decidir cuáles son las correctas? ¿Quién regula la moral? ¿Quién decide qué debe sentir un ser humano para considerarse sano? Ahí está el dilema.

Pensemos ahora: ¿cuántas veces hemos fingido una emoción para sobrevivir socialmente? Ahora imagina que no tienes opción de fingir, porque te han instalado la obligación de sentir. Eso ya no es psicopatía ni cura, eso sería control.

Hay filósofos que alertan de este camino como una forma de transhumanismo moral, donde el objetivo no es sanar, sino normalizar. Hacer de todos nosotros personas previsibles, compasivas, empáticas... pero no por convicción, sino por diseño. Una especie de empatía obligatoria, programada, artificial. ¿Estamos seguros de querer eso?

Porque si bien el psicópata carece de remordimiento, no es menos cierto que algunas personas con rasgos fríos, analíticos o poco empáticos han hecho grandes aportes a la ciencia, la medicina o el pensamiento. No todos los que no sienten igual que tú son un peligro, de la misma manera que no todos los que lloran son inofensivos. El riesgo de querer curar lo que no entendemos es que terminemos censurando lo que nos incomoda.

Mientras tanto, en el otro extremo, hay quienes creen que no necesitamos curar al psicópata, sino diseñar entornos sociales que limiten su alcance. Es decir, reforzar los filtros éticos, las auditorías, las normativas y los protocolos para que nadie, por brillante que sea, pueda ascender sin mostrar su verdadero rostro. Una especie de sistema inmune social contra el abuso de poder.

Esta estrategia ya se aplica en algunas empresas: evaluación 360, inteligencia emocional como requisito de liderazgo, revisión externa de decisiones de alto impacto. No es infalible, pero apunta en una dirección interesante, y es que no podemos extirpar el mal, pero sí podemos hacerle más difícil prosperar.

Volvamos a la medicina. Durante siglos no supimos cómo curar el cáncer, pero aprendimos a detectarlo a tiempo. Convivimos con el VIH sin erradicarlo, pero evitamos su expansión. Tal vez el psicópata del futuro no será curado, pero sí inhabilitado silenciosamente por una sociedad menos ingenua. Y eso, aunque no lo parezca, también es un avance.

Por último, conviene señalar que estamos entrando en una era donde el psicópata se está volviendo *mainstream*, porque se glorifica su eficiencia, se romantiza su poder, se convierte en meme. Series como *You*, *Dexter* o *House of Cards* lo han hecho seductor. Inteligente. Atractivo. Y eso plantea otro tipo de urgencia: ¿de verdad queremos curarlos... o simplemente queremos entenderles lo justo para padecerles sin mancharnos?

Porque, admitámoslo, el culto al éxito sin escrúpulos no lo inventaron ellos. Lo aplaudimos nosotros. Los psicópatas no son los únicos que se han infiltrado en nuestras estructuras, también lo ha hecho su forma de mirar el mundo. Y quizás el mayor reto no sea curarles a ellos... sino vacunarnos nosotros contra su lógica.

Finalmente, llegamos al punto incómodo que nadie quiere pronunciar en voz alta: ¿y si el problema no es que no podamos reprogramar sus cerebros, sino que, en el fondo, no estamos del todo seguros de querer hacerlo?

Sí, suena bestia. Pero pensemos. En todas las estructuras de poder —desde la política hasta la empresa, pasando por el entretenimiento, el *marketing*, la justicia, la religión o incluso la medicina— hay ciertos perfiles que resultan increíblemente eficaces, implacables, rápidos, resolutivos. Son personas que no titubean, que no se distraen por el sufrimiento ajeno, que no se ahogan en la culpa ni se paralizan ante la duda moral. Y eso, aunque no nos guste, vende.

Un cirujano que opera con precisión quirúrgica sin empatizar demasiado con sus pacientes puede salvar más vidas que uno que se abruma con cada historia trágica. Un juez que no se deja llevar por las emociones puede dictar sentencias más «justas», si la justicia se mide en códigos y no en humanidad. Un CEO sin escrúpulos puede aumentar beneficios de forma brutal. Un estratega militar, un político, un inversor. El sistema está lleno de psicópatas funcionales que nos resultan útiles... hasta que nos tocan de cerca.

Y aquí está la paradoja, porque cuando el psicópata está al mando, muchos se benefician. Cuando es tu pareja, tu jefe inmediato, tu padre, tu terapeuta o tu hijo, entonces sí, entonces hay que curarle. Pero mientras sea eficaz en la sombra o en la cúspide, mientras su frialdad sirva a fines productivos, su «trastorno» se convierte en ventaja competitiva. Le llamamos «líder», «tiburón», «visionario», «persona de carácter».

¿De verdad queremos reprogramar eso?

Entonces, antes de correr a buscar la fórmula para reprogramarlos, tal vez tengamos que preguntarnos por qué les aplaudimos tanto. Por qué toleramos su falta de empatía mientras ganan dinero, por qué nos seduce su manera de dominar sin culpa, o por qué, si el sistema se sostiene con psicópatas eficientes, intentar curarlos sería dinamitar nuestras propias estructuras. Y eso, claro, da miedo.

Ahora bien, hay algo que se puede hacer. Algo que no implica cirugía cerebral ni *electroshocks* ni cárceles emocionales. Algo que empieza mucho antes, en la detección temprana y en la educación emocional desde la infancia. Porque el psicópata no nace de la nada, nace con una predisposición, sí, pero también con un entorno que no detecta, no interviene, y no limita.

Existen ya programas de evaluación para niños y adolescentes con conductas preocupantes: frialdad emocional, crueldad instrumental, falta de remordimiento, manipulación deliberada. No se trata de etiquetar ni de medicar a diestro y siniestro, más bien se trata de observar patrones, ofrecer alternativas, intervenir en la construcción de vínculos reales. Un niño que aprende que las emociones son incómodas, que el dolor ajeno es irrelevante y que manipular da resultados... crecerá en esa lógica. Y la reforzará. Y quizá un día tenga poder. O pareja. O empleados. O hijos.

Reprogramar al psicópata adulto es complicado. Pero prevenir que un cerebro crezca en vacío afectivo es posible. Exige cambios educativos, exige modelos distintos, y que dejemos de romantizar la frialdad como señal de fortaleza. Porque el problema no es solo lo que los psicópatas hacen, es también lo que nosotros dejamos pasar.

Y mientras eso no ocurra, lo cierto es que no hay botón mágico, no hay vacuna, y no hay chip. Por más que lo soñemos, no hay reprogramación sin consciencia, y ahí está el gran límite: el psicópata no quiere cambiar. No cree que tenga nada que arreglar. Y lo peor, en su entorno, muchos tampoco lo creen, porque funciona, porque es útil, y porque da resultados.

Así que volvemos al principio, pero con más matices. ¿Podremos reprogramar sus cerebros? Tal vez un día sí. Pero la verdadera pregunta es si estaremos dispuestos a hacerlo. Y a qué precio.

¿Estamos preparados para un mundo donde la empatía no sea una opción, sino un requisito neurológico? ¿Donde el arrepentimiento se pueda inducir? ¿Donde la moral sea programada desde un laboratorio? ¿Donde la bondad no nazca de la libertad, sino del diseño?

Tal vez la respuesta no esté en reprogramar cerebros... sino en reconstruir los valores que premiamos. Porque mientras el éxito sin escrúpulos siga siendo el modelo, el psicópata no es el error del sistema, es su consecuencia más pura.

30. ¿Cuántos psicópatas hay entre nosotros?

Nadie quiere pensar que vive rodeado de psicópatas. Es incómodo. Es mucho más fácil imaginarlos encerrados en prisiones, con mirada fría y camisa de fuerza. El problema es que muchos no están allí, están aquí, con traje, con bata, con uniforme, en ocasiones, con cuentas verificadas en redes sociales y, a veces, con la sonrisa que calma al grupo, o con el discurso perfecto para una entrevista de trabajo. No son la clase de psicópatas que matan, pero sí son los psicópatas invisibles que manipulan… y casi todos escapan al radar.

Durante años, la estadística más repetida ha sido la que fija la prevalencia de la psicopatía en torno al 1 % de la población general. Esto es, para entendernos, uno de cada cien. Parece poco… hasta que haces las cuentas. En España, con más de 47 millones de habitantes, estaríamos hablando de al menos 470.000 personas con rasgos psicopáticos lo bastante marcados como para hacer daño. No hablo de gente «con mal genio» ni de jefes estresados, hablo de sujetos sin empatía, sin remordimiento, sin conciencia moral. Personas que te usarían como una silla; útil mientras les sirves, prescindible cuando ya no.

Y no se trata de una cifra exacta, porque el porcentaje varía según los estudios, el país y, sobre todo, el método de evaluación. El 1 % es una media prudente, aunque hay entornos donde la prevalencia sube, y mucho. Por ejemplo, entre directivos de grandes empresas, se ha estimado que el porcentaje de psicópatas puede llegar al 3 o incluso al 4 %. Y no lo digo yo, lo dijo el psicólogo forense Robert Hare, creador de la escala más conocida para evaluar la psicopatía, la PCL-R. Cuando le preguntaron por los entornos más propensos a atraer psicópatas, no dudó: «la política y los negocios». Interesante.

También las prisiones cuentan su propia historia. Allí, el porcentaje es infinitamente más alto, y las estimaciones oscilan entre el 15 % y el 25 % de los reclusos, dependiendo del país y del tipo de delito. Es decir, uno de cada cuatro presos puede tener un nivel de psicopatía significativo, y no todos son asesinos. Muchos son estafadores, agresores sexuales, reincidentes sin conciencia de culpa, y no siempre con coeficientes bajos, por cierto. Algunos son brillantes, carismáticos, eficaces... y peligrosos.

El mapa mundial de los sin empatía

A veces, para entender mejor lo invisible, necesitamos ponerlo en cifras. La psicopatía no distingue entre continentes ni clases sociales, pero sí muestra patrones curiosos. Por ejemplo, en países con altos niveles de desigualdad y estructuras de poder muy jerarquizadas, la prevalencia de psicópatas integrados puede subir. ¿Por qué? Pues porque allí, la capacidad de manipular y trepar se convierte en un valor de supervivencia. Es decir, cuanto más corrupto el sistema, más probable que el psicópata se camufle con éxito.

En Estados Unidos, los estudios más recientes estiman entre un 1,2 % y un 1,5 % de psicópatas integrados. Eso equivale a más de 5 millones de personas que no necesariamente delinquen, pero sí influyen, engañan o manipulan sin remordimiento. En Reino Unido, la estimación ronda el 1 %, aunque algunos expertos en criminología forense advierten que las cifras podrían estar infraestimadas por el método de detección: los psicópatas funcionales no suelen presentarse voluntariamente a estudios clínicos.

Y luego está el caso de Australia, donde una investigación con más de 3000 personas reveló que el 21 % presentaba rasgos psicopáticos moderados y un 1 % elevado. Lo relevante es que muchos de los que puntuaban alto en la escala de psicopatía no estaban en prisión, ni en tratamiento, se encontraban en oficinas, en ventas, en puestos de liderazgo. Funcionando, entre nosotros. Invisibles.

¿Y en España? No hay un gran estudio «epidemiológico» nacional, pero los especialistas que trabajan en psiquiatría forense, prisiones y psicología clínica coinciden en que los datos son similares a los del resto de Europa occidental. El 1 % sigue siendo una referencia conservadora, aunque si incluimos los llamados trastornos antisociales de la personalidad (que son más amplios que la psicopatía pura), el porcentaje sube considerablemente. El Ministerio del Interior, por ejemplo, cifra entre un 15 % y un 20 % de los reclusos españoles con trastorno antisocial de la personalidad. Y eso no incluye a los que nunca han pisado una celda.

Finalmente, hay otro dato inquietante. Un informe del *Journal of Personality Disorders* sugiere que los entornos más jerarquizados y masculinizados (como los cuerpos militares, algunas estructuras religiosas, partidos políticos o grandes multinacionales) son el caldo de cultivo ideal para los psicópatas funcionales. Porque pueden esconderse tras las normas, delegar sus responsabilidades, o ascender con apariencia de eficiencia. Interesante también.

Psicópatas en prisión (los que ya no sonríen)

Cuando uno piensa en psicópatas, suele imaginar a los que acabaron entre rejas, los asesinos múltiples o los violadores seriales. Vamos, los que salían en los telediarios con cara de póker y frases como «No me acuerdo de nada» o «Me lo pidió ella». Pero lo cierto es que no todos los psicópatas delinquen, y tampoco todos los delincuentes graves son psicópatas. Hay mucho dolor en el crimen, mucho trastorno, mucha desesperación y mucha locura, pero la psicopatía, en su forma pura, es otra cosa.

Dicho esto, ¿cuántos psicópatas hay en prisión? Según el metaestudio de Nathan Brooks, Katarina Fritzon y Simon Croom, publicado en 2016, entre el 15 % y el 25 % de los reclusos en prisiones de máxima seguridad presentan rasgos psicopáticos significativos. Sin embargo, el porcentaje varía según el país, el tipo de delito y los criterios de evaluación (habitualmente la PCL-R de Hare), pero la conclusión es clara, la tasa de psicopatía entre presos es entre 15 y 25 veces mayor que en la población general.

En España, los estudios de referencia confirman una cifra parecida. Entre un 10 % y un 20 % de la población reclusa cumple criterios de psicopatía, aunque no todos ellos han sido diagnosticados oficialmente. La razón es que muchos no son evaluados por psicólogos forenses, a menos que estén implicados en delitos especialmente graves o en procesos judiciales que exijan peritaje.

¿Dónde se concentran? No es sorpresa; delitos violentos, homicidios, agresiones sexuales con ensañamiento, secuestros y casos de abuso sistemático de menores. La psicopatía suele emerger cuando el crimen implica planificación, manipulación o una indiferencia extrema por el sufrimiento ajeno. No hablamos de crímenes pasionales ni de robos cometidos por necesidad. Hablamos de los que lo hacen porque pueden, porque quieren, y porque no sienten que haya nada malo en ello.

Un dato turbador es el perfil de algunos agresores sexuales reincidentes, que muestran puntuaciones muy altas en la escala de psicopatía y un patrón de conducta depredadora, pero también encanto superficial y discurso estructurado. Es decir, saben lo que se espera que digan, y lo dicen. No por remordimiento, sino porque dominan el juego.

En cárceles de Estados Unidos, como la famosa USP Florence ADMAX (conocida como el «Alcatraz de las Rocosas»), se ha registrado que un porcentaje notable de los internos más peligrosos —los llamados «intocables»— cumplen criterios de psicopatía. Personas como Ted Kaczynski (Unabomber), Richard Reid (el «Terrorista del zapato») o Joaquín «El Chapo» Guzmán (narcotraficante) presentan rasgos compatibles con esa frialdad instrumental, aunque no siempre se les etiqueta oficialmente, porque el diagnóstico, muchas veces, es menos importante que el aislamiento.

Pero volvamos a nuestro entorno. En España, el caso de Tony King (asesino de Sonia Carabantes y Rocío Wanninkhof) mostró al mundo un rostro sin arrepentimiento y, a lo largo de sus declaraciones, apenas mostró emociones. Y cuando lo hizo, parecían perfectamente ensayadas. Lo mismo ocurre con asesinos múltiples como Juan Carlos Aguilar (el falso monje shaolín) o los conocidos como «psicópatas organizados», aquellos que planifican, ejecutan y ocultan todo con una precisión escalofriante.

Aun así, no todos los psicópatas terminan en la cárcel, y los que lo hacen, rara vez piden ayuda. La prisión, para muchos de ellos, no es un castigo emocional, sino más bien una incomodidad logística. Pierden la capacidad de actuar, pero no la de pensar cómo volver a hacerlo.

Y aquí viene lo más alarmante, que algunos, incluso tras cumplir condena, salen sin haber modificado un ápice su estructura interna. Continúan sin sentir culpa, ni pena, ni tampoco sienten la necesidad de reparación. Solo una pausa. Y luego, vuelven.

31. Lo que vas a ver ahora
que no podías ver antes

Hay una niebla que se disipa justo cuando decides abrir los ojos. No cuando todo se soluciona, no cuando el dolor termina, y tampoco cuando el otro cambia, sino cuando tú cambias la mirada. El psicópata invisible no deja de existir cuando se aleja. De hecho, a veces se vuelve más nítido, y es entonces cuando lo ves: el gesto, la trampa, el tono, la manera en que te hacía sentir culpable por respirar demasiado alto.

Esta última parte del libro no es un cierre, es una especie de resumen de lo que puede ser tu salida del bucle y una fina advertencia de lo que podrías encontrarte. Porque una vez que conoces las máscaras, ya no puedes dejar de verlas. Porque ahora empiezas a ver psicopatía donde antes solo veías carisma, manipulación donde antes pensabas que eras tú quien tenía el problema, y *gaslighting* donde antes solo había frases que te parecían «confusas». No es paranoia, porque la realidad no cambió, cambiaste tú.

La voz que no era la tuya

Hay un punto exacto en el que algo hace clic. No es una explosión, ni un grito interno, es más bien como quitarse unos cascos que llevabas puestos desde hace años. De repente, el silencio es más verdadero que todas las palabras que te decían «Esto es normal», «Estás exagerando», «No lo entenderías».

Porque ahora que lo sabes, reconoces esas frases al vuelo. La voz del psicópata invisible no necesita subir el volumen, pero se mantiene constante. Está en tu cabeza con su guion aprendido «Sin mí no vales», «Tú también has hecho cosas malas», «Yo solo quiero ayudarte». Y el gran descubrimiento no es que esa voz no sea tuya, es que ahora ves que nunca lo fue.

Reconocer a un psicópata no es una condena. No estás obligada a enfrentarte a él, no tienes que gritarle: «¡Ya sé quién eres!», y no necesitas pruebas para creer a tu instinto. La justicia emocional no siempre llega por los tribunales, llega por algo más simple: irte.

No fuiste tonta, ni débil, fuiste humana. Y muchas veces, no viste lo que había delante porque necesitabas no verlo, porque aceptarlo te habría roto, y porque cuando dependes emocionalmente de alguien, tu sistema de alarma no se apaga, se autocensura.

La mente es sabia. A veces borra lo que no puedes procesar y otras veces lo camufla de lo que sí quieres ver. Y solo cuando tienes suficientes recursos emocionales, empieza a revelarte la verdad. Por eso muchas víctimas tardan años en comprender lo que vivieron, y por eso no hay que forzar el proceso. Ahora que puedes ver, celébralo. No te castigues por no haberlo visto antes. Solo celebra.

El siguiente paso no siempre es fácil, pero llega. Un día te descubres contando lo que te pasó, y ya no desde la culpa, sino desde la claridad. Hablas en una comida, en una reunión, en una red social. Y de pronto alguien responde: «A mí me pasó igual». Y entonces sabes que tu historia no era única, sino que había sido silenciada. Porque el psicópata se alimenta de ese silencio ajeno, de la falta de palabras, de la confusión colectiva. Por eso hablar, compartir, poner nombre no es solo catarsis, es un acto político, y una forma de reparación. Y tú, sin saberlo, te conviertes en espejo para otras.

Cuidado con el exceso de lupa

Cuidado, porque en esta fase hay una trampa nueva, y es creer que todo el mundo encaja en el perfil, convertirte en una especie de cazadora de psicópatas. Verlos por todas partes, en tu jefe, en tu ex, en tu amiga, en tu suegra. Y no, no todos lo son. Algunos es que simplemente son torpes, egoístas, maleducados, pero no manipuladores profesionales.

Has de tener en cuenta que ahora la clave está en el matiz, porque no estás en la ceguera, pero tampoco en la hipervigilancia. Ahora estás en la conciencia, y eso no significa vivir a la defensiva, significa vivir con ojos abiertos, con límites, con preguntas incómodas y respuestas que no siempre te van a gustar.

Final abierto

En este caso no hay epílogo porque no hay manual. Y digo que no hay cierre porque la vida no va en capítulos. Solo hay una certeza nueva, y es ahora sabes algo que antes no sabías. Eso ya no se puede desaprender, porque ver al psicópata invisible es empezar a verte a ti, y no precisamente como víctima, sino como protagonista de una historia que estás reescribiendo con cada límite, en cada no, y en cada silencio que eliges para proteger tu paz.

No todo el mundo va a entenderlo.

No todo el mundo va a aplaudirte.

Pero tú, que estuviste ahí, sabes que lo más valiente no fue verlo, fue decidir no volver a cegarte.

32. Qué hacer cuando el psicópata eres tú (o eso te han hecho creer)

Pocas cosas hay más demoledoras que empezar a sospechar que tal vez el problema seas tú, que no eres la víctima, sino el verdugo. Que no estás huyendo de un psicópata, sino que lo llevas dentro, y no porque lo seas realmente, sino porque alguien —con más frialdad que empatía— te lo ha hecho creer. ¿Te suena? Esa sensación constante de duda, de escrutinio, de vivir revisando tus palabras, tus gestos, tus reacciones. No por culpa, sino por miedo a encajar con la etiqueta que alguien más te colgó sin preguntarte.

El psicópata invisible no siempre apunta hacia fuera, a veces te convence de que el monstruo está en ti. Y lo hace tan bien, que acabas pidiendo perdón por cosas que no hiciste, disculpándote por sentir, por hablar, por existir en la manera en que tú sabes hacerlo. Acabas interiorizando un relato ajeno como si fuera tu historia. Y te preguntas «¿Seré yo la que manipula?, ¿Yo la que exagera?, ¿Yo la que miente sin saberlo?».

Y así empieza una de las formas más sutiles y crueles de violencia emocional, hacerte creer que eres tú quien está al timón de ese trastorno de la personalidad. Que eres una psicópata.

Casi por norma, todo empieza por algo pequeño; una crítica, una corrección, un «No fue así» dicho con tono paternalista. Un «Tú siempre dramatizas», dicho después de contar algo importante. Y tú, que aún confías, que aún piensas que el amor implica corregirse, lo aceptas, porque te da miedo tener razón, y porque, en el fondo, preferirías ser tú quien se equivoca antes que aceptar que te están anulando.

Después llega la fase dos, la duda. Ya no sabes si lo que recuerdas es real, si tu tono fue tan agresivo, si de verdad dijiste eso, y si no estarás deformando la realidad. Y lo más duro, empiezas a pensar que quizás sí seas tóxica, que quizá tu forma de querer no sea amor, y que quizá, en efecto, seas tú el problema.

No es casual. Hay una estrategia calculada detrás de esta forma de manipulación algo más sofisticada de lo habitual, si cabe. Porque aquí, el verdadero psicópata no busca solo que dudes de lo que haces, sino de lo que eres. Y ahí es donde cala hondo.

Sabemos que un insulto directo duele, pero lo identificas «Eres un loco», «Estás fatal de la cabeza», «Tú deberías estar en tratamiento». Esas frases activan una alerta en ti. Si bien, el psicópata sabe que con esas palabras te pondría sobre aviso y lo que de verdad quiere es que te creas culpable, no delatarse. Por eso no actúa así, es mucho más fino, y te dice cosas como:

«No todos pueden convivir con una persona con tu intensidad».

«A veces me das miedo, pero sé que no es tu culpa».

«Yo te quiero a pesar de todo».

«Tu terapeuta debería revisar tu narcisismo encubierto».

Y entonces tú te repliegas, no porque creas que están en lo cierto, sino porque temes que lo estén. Empiezas a revisar tus mensajes antes de enviarlos, tus frases antes de decirlas, tus silencios antes de permitirlos. Y un día cualquiera, sin motivo, te descubres googleando: «¿Soy un psicópata?».

¿Te ha pasado? ¿Te has lanzado a buscar síntomas, test de personalidad, frases en TikTok con el *hashtag* #redflags?

Entonces ya sabes lo peligroso que es ese océano. En cinco minutos puedes estar convencida de que eres una mezcla de Hannibal Lecter y Christian Grey, cuando en realidad solo estás agotada, cansada de justificarte, de tener que explicarte, hasta de sobrevivir. Y lo más irónico es que los verdaderos psicópatas nunca hacen ese tipo de búsquedas. Ellos no dudan de sí mismos nunca. Tú sí. Y eso, paradójicamente, es la mejor prueba de que no lo eres.

Pero claro, cuando llevas meses, incluso años, con alguien que te señala constantemente como el origen del conflicto, lo acabas interiorizando. No importa que tus amigas, tu madre, tu terapeuta o incluso tu propio cuerpo te digan lo contrario. La semilla está plantada. Y no hay nada más fértil para la culpa que el terreno del amor mal entendido.

Sin embargo, el problema de fondo no es que dudes de ti, es que alguien ha hecho un trabajo muy preciso para que lo hagas. El psicópata emocional no necesita tenerte atada, porque le basta con que tú misma creas que mereces la jaula, que necesitas ayuda, que tu rabia es peligrosa, y que tus decisiones son egoístas.

¿Y sabes qué es lo peor? Que muchas veces lo hacen desde el rol de víctima. Se muestran débiles, asustados, sensibles. Y tú, que no quieres hacer daño, te pliegas, cedes, lloras y pides perdón. Te prometes mejorar, y asumes una culpa que no es tuya porque el amor, te han dicho, todo lo puede. Incluso cambiar tu esencia.

El perfil empático que acaba dudando de su empatía

Hay un tipo de persona que es más vulnerable a este engaño, la que sienten demasiado. Son las personas que se hacen preguntas, que suelen ponerse en el lugar del otro aunque el otro no lo haga. Las que necesitan entender para poder soltar.

A ti, si eres así, te han hecho creer que eso es un defecto, que pensar tanto te hace peligrosa, y que tu sensibilidad es una forma de manipulación. Y lo más triste es que tú cada vez dudas más. Pero no. No lo es.

Tener emociones intensas no te hace un psicópata, al revés, te convierte en alguien humano. Lo que te han hecho es una inversión del relato, y te han convencido de que tu herida es un arma, de que tu honestidad es un ataque, y que tu inseguridad es un problema que deben resolver por ti (y a su modo, claro).

Y así, sin darte cuenta, dejas de confiar en tus propios instintos. Te empiezas a cortar a mitad de una frase, ríes aunque no te hace gracia, y te adaptas aunque te resulte incómodo. Porque el terror de ser señalado como «tóxico» es más fuerte que tu necesidad de ser tú. Te provoca miedo.

¿CÓMO DISTINGUIR SI ERES TÚ...
O TE LO HAN HECHO CREER?

¿Eres tú el problema? Puede ser. Todos tenemos heridas, mecanismos defensivos, momentos oscuros. Pero una cosa es asumir tu parte y otra es comerte la de los demás. Hay preguntas que pueden ayudarte a distinguir en caso de dudas:

¿Tienes la sensación constante de tener que disculparte por todo?
¿Te sientes peor contigo misma desde que estás cerca de esa persona?
¿Has dejado de contar lo que vives por miedo a que te tachen de exagerada?
¿Te esfuerzas más por agradar que por ser tú?

Si la respuesta es sí, puede que no seas tú. Puede que te hayan hecho creer que lo eres.

Y, cuando logres salir del bucle, vas a ver cosas que antes no podías ver, también vas a recordar frases que te parecían normales y ahora suenan a veneno, entenderás los silencios que eran gritos para ti. Vas a mirar fotos donde tú sonreías y ahora sabes que estabas rota por dentro. Y lo más duro de todo, vas a darte cuenta de que estabas pidiendo perdón por cosas que no hiciste.

Ahí empieza el verdadero trabajo. No en buscar venganza, ni en poner etiquetas, sino en hacer las paces contigo. En dejar de flagelarte por haberlo permitido, y aceptar que te confundieron precisamente porque eres empática, sensible, generosa. Que no era debilidad, era amor, y eso no se juzga —no se debería—. Se honra.

Así que no, no eres una psicópata, ni tampoco una narcisista encubierta, ni una manipuladora profesional. Eres alguien que sobrevivió a una guerra emocional con heridas que no se ven, y que si aún te duelen, no es porque fuiste mala, sino porque fuiste demasiado buena durante demasiado tiempo.

33. ¿Y si tu psicópata aún no ha llegado?

Hay una pregunta que da más miedo que todas las anteriores. No es «¿Y si estoy viviendo con un psicópata?», ni siquiera «¿Y si fui víctima de uno sin saberlo?». Es esta: «¿Y si aún no ha llegado?».

Y no, no lo digo para asustarte, lo digo para prepararte.

Vivimos creyendo que el peligro se presenta con señales visibles, como en las películas, pero en la vida real hemos visto que los depredadores emocionales no llevan un Post-it en la frente anunciando que lo son. Ya sabes cómo lo hacen: desplegando todo su encanto.

El psicópata invisible no tiene prisa. Puede estar en tu vida meses, incluso años, antes de mostrar su verdadero rostro. Por eso es tan importante entrenar el radar para poder reconocerlo. No para volverte paranoico, sino para aprender a reconocer las alertas sutiles que tu instinto ya conoce, pero que tantas veces callas para no parecer exagerado, o «demasiado sensible».

No hay que vivir con miedo. De hecho las relaciones humanas están basadas en confianza, pero también en los límites que imponemos. El problema es que la cultura de la positividad tóxica, de «dar segundas oportunidades», de «nadie es perfecto», ha minado nuestra capacidad de detectar el maltrato camuflado. Nos han enseñado a justificar conductas dañinas bajo etiquetas dulces como la intensidad emocional, carácter difícil, trauma no resuelto. Y mientras tanto, ellos avanzan.

¿Quién garantiza que tu próximo jefe no será un psicópata funcional con carisma de líder inspirador y alma de torturador emocional? ¿Quién te asegura que tu próxima pareja no aplicará el manual del control silencioso disfrazado de amor incondicional? ¿Quién dice que tu futura socia no será una depredadora de egos ajenos, disfrazada de compañera ideal? No lo sabemos. Y por eso este capítulo es importante. Porque el objetivo no es vivir desconfiando de todo el mundo, sino vivir sabiendo que el riesgo existe, y que cuanto más preparada estés, menos vulnerable serás, porque prevenir es mejor que sobrevivir.

Por eso te insisto, no esperes a que llegue, no digas «A mí no me pasará», porque si algo hemos aprendido escribiendo —y leyendo— este libro, es que no hay un perfil único de víctima… Hay médicos, abogados, madres de familia, adolescentes brillantes, víctimas que llevaban años trabajando su autoestima debido al daño que le hicieron. Y esto no es tu culpa, claro está, pero sí es tu responsabilidad cuidarte para no ser la siguiente.

Aprende a escuchar tu cuerpo, si sientes tensión cada vez que recibes un mensaje suyo, si te duele el pecho cuando estás cerca, si te descubres justificando cosas que antes no tolerabas, si lloras más de lo que ríes… no es amor, ni es amistad, ni tampoco crecimiento. Es lo que ya sabes.

Y si aún no ha llegado, mejor, porque estás a tiempo de blindarte. No con muros, sino con claridad, con un contrato interno que diga «No negocio con el miedo», «No explico mi dolor a quien lo usa en mi contra», y «No confundo intensidad con conexión».

Ahora que ya sabes mirar distinto, ahora que conoces las señales, las máscaras, los disfraces, toca hacer un ejercicio que nadie quiere hacer del todo, y es pensar que el próximo aún no ha llegado. Porque mientras lees esto, alguien en tu entorno

—o en tu futuro inmediato— está observándote, calibrándote, estudiándote. Y no lo sabes.

¿Cuántas veces hemos dicho «Con esta persona no me llevo bien, pero no sé por qué»? ¿Cuántas veces nos hemos sentido incómodos en una reunión, en una relación, en una amistad, sin poder explicarlo con lógica? Eso es lo que algunos llaman intuición. Pero, más que un don místico, es un detector primitivo que todos tenemos y que se apaga cuando priorizamos la buena educación, la apariencia o la necesidad de agradar. El psicópata invisible se mete por esa rendija.

Y, mientras el psicópata o la psicópata está al acecho, hay microseñales que ignoramos porque «no queremos exagerar», porque nos enseñaron que hay que dar segundas oportunidades, que «todo el mundo tiene un mal día». Y en esa pedagogía emocional —tan bienintencionada— los depredadores encuentran su pasillo preferido. Porque un psicópata puede llegar cuando menos lo esperas. Y sí, puede ser encantador; será encantador.

Muchos de los testimonios que he escuchado como perito judicial empiezan igual: «No parecía mala persona». «De hecho, al principio, fue encantador». Y eso es lo peor del psicópata invisible, que no solo no te activa las alarmas, sino que puede convertirse en ese aliado que «por fin te entiende», esa amiga que «sí que te escucha», ese jefe que «te valora más que nadie».

No lo digo para que desconfíes de todos. Lo digo porque uno de los aprendizajes más amargos es comprender que la maldad —cuando es inteligente— no da miedo, da ganas, y te seduce, te tranquiliza. Y solo cuando ya estás dentro del círculo, empiezas a notar el frío.

Por eso este capítulo no es una clausura. Es una alerta, un recordatorio de que la psicopatía social no tiene forma ni guion fijo. Puedes haber leído este libro entero y seguir sin reconocer a quien lleva años dañándote con sutileza, o puedes aún no haberlo conocido. Y no pasa nada. Porque lo importante no es evitar su llegada, lo importante es llegar preparada.

El entorno ideal para que aparezca

El psicópata invisible no llega a cualquier lugar. Llega donde hay vulnerabilidad, admiración, donde hay hambre emocional. Y esto no significa que tú seas débil, significa que eres humano. Todos, absolutamente todos, tenemos momentos donde estamos más abiertos, más permeables y mucho más necesitados. Una ruptura reciente, un duelo, un cambio de país, una crisis de identidad, incluso un ascenso laboral que te deja solo en la cima. Ahí es donde se cuelan.

Por eso es clave revisar en qué momento estás tú. No para culparte si aparece uno de ellos, sino para entender qué fisuras pueden explotarte, porque lo harán, no lo dudes. No pueden evitarlo.

Y si no lo ves, si no lo nombras, si no lo cortas, volverá o aparecerá... En otra persona, con otra cara, con otro disfraz. Porque lo que no se sana, se repite.

Y ahora que lo sabes, ¿qué puedes hacer?

Primero, darte el derecho de sentir lo que sientes, incluso cuando no tiene lógica. Y piensa que, si algo no cuadra, es que algo no cuadra. Tu incomodidad es válida, y tu intuición merece todo el respeto. No necesitas pruebas jurídicas para tomar distancia de alguien que te hace sentir pequeño, culpable o agotado.

Segundo, aceptar que no todos los vínculos son redimibles, y que, por supuesto, no estás obligada a darles otra oportunidad. Tampoco estás obligada a explicar tu decisión, ni a sostener vínculos que solo funcionan si tú dejas de ser tú.

Tercero, reconocer que el próximo puede no parecerse a ninguno de los anteriores. Ojo con esto, porque puede ser más listo, más amable... más paciente. Y, aun así, su objetivo será el mismo, recuérdalo. Por eso este capítulo existe, para que no lo olvides y para que, aunque la vida siga, mantengas ese radar fino. No como paranoia, sino como herramienta de autodefensa emocional.

Finalmente, no vivas con miedo, vive con conciencia. Lo último que quiero es que este libro te deje con la sensación de que «el enemigo está en todas partes». No. El enemigo está donde no hay luz, donde no hay límites, y donde no te escuchas.

Si tú estás presente, atenta, fiel a tu intuición, no hay psicópata que pueda contigo. Puede intentarlo, pero no podrá hacerte dudar de lo que ves, de lo que sientes, de lo que eres. Porque ahora, por fin, lo ves venir.

Y eso es lo más cercano a la libertad.